AF359716

CATALOGUE MENSUEL

(Nouvelle Série, N° 20)

LIBRAIRIE

DE

THÉOPHILE BELIN

29, Quai Voltaire, PARIS

SOMMAIRE

L'Artiste, 1831-38, 15 vol. — *Azeglio*. La reale Galleria di Torino, 1836-41, 3 vol. — *Bayle*. Dictionnaire historique, 1820, 16 vol. — *Calmet*. Dictionnaire de la Bible, 1722-28, 4 vol. — Collection universelle de mémoires relatifs à l'histoire de France, 1785-91, 71 vol. — Coutumes de Bretagne, 1517, 1531, 1725. — *Daudet*. Œuvres 1879-91, 18 vol. — Dessins originaux, 1835. — *Diderot*. Encyclopédie, 1777-79, 39 vol. — *Duhamel du Monceau*. Traité des arbres, 1800-15, 6 vol. — *Du Paz*. Histoire généalogique de Bretagne, 1620. — *Filhol*. Galerie du musée Napoléon, 1804-1828, 11 vol. — *Gaimard*. Voyages en Laponie, 1842, 6 vol. — Galerie de Dresde, 1753-1874, 3 vol. — *Gori*. Museum Florentinum, 1731-66, 12 vol. — *Houel*. Voyage de Sicile, 1782-89, 4 vol. — *Le Baud*. Histoire de Bretagne, 1638. — *Lelong*. Bibliothèque historique, 1768-78, 5 vol. — Les Lettres et les Arts, 1886-87. — Le Livre d'heures d'Anne de Bretagne, 1841. — *Lobineau*. Histoire de Bretagne, 1707, 2 vol. — Les Mille et une Nuits, 1822-25. — *Morice*. Histoire et Mémoires de Bretagne, 1742-56, 5 vol. — *Petermann*. Mittheilungen aus J. Perthes geographischer, 1855-85, 13 vol. — *Plutarque*. Vies des hommes illustres, 1783-1805, 25 vol. — *Xenophon*. Œuvres, 1797, 7 vol.

PARIS

LIBRAIRIE THÉOPHILE BELIN

29, QUAI VOLTAIRE, 29

1899

1. **Abel** (Pierre). Observations sommaires sur la Coutume de Bretagne, pour faire connoitre le sens qu'elle avoit dans son origine et celuy que l'usage lui a donné. *Laval, Jean Ambroise impr.,* 1689 ; in-4, veau.   10 fr.

2. **Abrantès** (Duchesse d'). Histoire des Salons de Paris. Tableaux et portraits du grand monde sous Louis XVI, le Directoire, le Consulat et l'Empire, la Restauration, et le règne de Louis-Philippe Ier. Deuxième édition. *Paris, Ladvocat,* 1837-1838; 6 vol. in-8, br. 45 fr.

    Cet ouvrage fort intéressant, qui devait comprendre 8 volumes, fut interrompu par la mort de l'auteur.

3. **Abrantès** (Duchesse d'). Mémoires sur la Restauration, ou souvenirs historiques sur cette époque, la Révolution de 1830 et les premières années du règne de Louis-Philippe. *Paris, impr. Boulé,* 1838 ; 6 vol. in-8, br.   45 fr.

    Rare.

4. **Actes** (Les) de la Province ecclésiastique de Reims, ou canons et décrets des Conciles, Constitutions, Statuts et Lettres des Evêques qui dépendent ou qui dépendaient autrefois de la métropole de Reims. Publiées par M. Th. Gousset. *Reims,* 1842-1844 ; 4 vol. in-4, br.   10 fr.

5. **Agrippa** (Camillo). Trattato di Scienza d'arme et un dialogo in detta materia. *In Venetia. appresso Antonio Pinargenti,* 1568 ; pet. in-4 de 8 et 111 pp., vélin. 80 fr.

    Rare édition de cet ouvrage d'escrime, illustré de figures gravées à l'eau-forte, dans le style de *Marc Antoine,* représentant la plupart des personnages entièrement nus. — Titre gravé avec portrait de l'auteur.

    On a relié avec ce volume : *Arte dell' armi di Achille Marozzo bolognese. Ricorretto et ornato di nuove figure in rame. Venetia, Ant. Pinargenti,* 1568 ; pet. in-4. — Cet exemplaire est incomplet des trois derniers cahiers.

6. **Agrippa** (Camillio). Trattato di Scienza d'arme, et un dialogo in detta materia. *In Venetia, appresso Roberto Meglietti,* 1604 ; pet. in-4 de 4 et 72 ff. (le dernier blanc), vélin.   30 fr.

    Nouvelle édition de l'ouvrage précédent avec les mêmes figures en taille-douce.

    Les feuillets du premier cahier sont défectueux.

7. **Aiguillon** (Affaire du duc d') et du parlement de Bretagne. *Paris et Rennes,* 1770 ; 12 pièces en 2 vol. in-4.   25 fr.

    Mémoires à consulter du duc d'Aiguillon : Consultations pour de la Chalotais et de Caradeuc ; Arrêts du parlement de Bretagne : Réponses aux Mémoires ; Réponses des Etats ; etc.

8. **Albert le Grand**. Tractatus magistri Alberti magni, doctoris eximii, episcopi ratisponensis, de veris et perfectis virtutibus, als Paradisus anime nuncuplatus. (In fine :) *Impressus Argentine per Martinum Flach, anno Millesimo quadringententesimo nonagesimo octavo* (1498), *mensis Julias die decimo ;* pet. in-4 goth. de 36 ff. (le dernier blanc) à 2 col., cart. 50 fr.

    Incunable imprimé à Strasbourg, par Martin Flach. — Déchirure au titre et cachets de bibliothèques.

9. **Alberti** (Léon-Battista). De la Statue et de la Peinture. Traités traduits du latin en français par Claudius Popelin. *Paris, A. Lévy,* 1868 ; in-8, br.   5 fr.

    Portraits et vignettes gravés sur bois par *Prunaire.*

10. **Album** de photographies artistiques. In-fol. oblong, mar. La Vallière, tr. dor.   25 fr.

    Reproduction de 44 tableaux de Cabanel, Chevignard, Rosa Bonheur, P. Delaroche, Galimard, Hebert, Bellangé, Troyon, Meissonier. Baudry, H. Vernet. etc., exécutés de 1855 à 1860.

11. **Alexandre de Rhodes** (Le Père). Divers Voiages en la Chine, et autres roiaumes de l'Orient, avec son retour en Europe par la Perse et l'Arménie. Seconde édition. *Paris, Séb. Mabre-Cramoisy,* 1666 ; in-4, veau.   15 fr.

12. **Alibert** (Baron). Physiologie des passions ou nouvelle doctrine des sentimens moraux. *Paris, Béchet,* 1837; 2 vol. in-8, fig., br. 6 fr.

13. **Alissan de Chazet**. Mémoires, souvenirs, œuvres et portraits. *Paris, Postel,* 1837 ; 3 vol. in-8, portr., br.   8 fr.

14. **Almanach** du bon Français, ou anecdotes, pensées, maximes et réflexions de feu Mgr. le Dauphin, père du Roi, avec un recueil anniversaire d'allégories des principales époques de l'avènement de Louis

XVI au trône. *Paris, Desnos;* in-24, mar. rouge, dos orné, fil., tr. dor. (*Rel. anc.*). 40 fr.

Titre gravé et 16 charmantes figures dont 7 par *P. de Bérainville*, gravées par *Voysard.*

15. **Anacréon.** Odes d'Anacréon, traduites en vers sur le texte de Brunck, par J.-B. de Saint-Victor. *Paris, Nicolle,* 1810 ; in-8, mar. rouge à grains longs, dos orné, dent., tabis, tr. dor. (*Rosa*). 40 fr.

4 jolies figures de *Girodet* et *Bouillon*, gravées par *Girardet.*
Exemplaire dans une reliure genre Bozérian.

16. **Annuaire** du département de la Manche. *Saint-Lo,* 1829-1870 ; 40 vol. in-12 et in-8, demi-rel. chagr. vert. 100 fr.

Rare collection complète de l'origine à 1870.

17. **Annunzio** (G. d'). L'Intrus. — L'Enfant de la Volupté. Traduit de l'italien par G. Herelle. *Paris, Calmann Lévy,* 1893-1895 ; 2 vol. in-12, br., couv. 6 fr.

ÉDITION ORIGINALE, quoique la couverture du 1ᵉʳ volume porte 2ᵉ édition.

18. **Anville** (D'). Nouvel Atlas de la Chine, de la Tartarie chinoise et du Thibet ; contenant les cartes générales et particulières de ce pays, ainsi que la carte du royaume de Corée. *La Haye, H. Scheurleer,* 1737 ; in-fol., veau (*Rel. anc.*). 20 fr.

42 cartes, ornées de très jolis cartouches Louis XV dans le style chinois dessinés par *G. Kondet.*

19. **Apulée.** Les Métamorphoses ; ou l'Ane d'or d'Apulée, philosophe platonicien. Nouvelle édition (par l'abbé Compain de Saint-Martin). *Paris, Bastien,* 1787 ; 2 vol. in-8, br. 25 fr.

Portrait et 14 figures en taille-douce, copiées sur celles de Crispin de Pas, de l'édition de 1623.

20. **Arioste.** Roland furieux. Traduction nouvelle, par Francisque Reynard. *Paris, Alphonse Lemerre,* 1880 ; 4 vol. in-12, portr., br. 40 fr.

L'un des 40 exemplaires sur PAPIER WHATMAN (n° 1).

21. **Art** (l') de desoppiler la rate, sive de modo C. prudenter, en prenant chaque feuillet pour se t. le d. Entremêlé de quelques bonnes choses. (Par A.-J. Panckoucke). *A Gallipoli de Calabre, l'an des folies,* 175884 (1754) ; in-12, mar. rouge, dos orné, dent., tr. dor. 30 fr.

La première et la meilleure édition de ce recueil, qui contient une quantité de renseignements les plus divers : extraits de livres rares, analyses de sermonnaires burlesques, morceaux scatologiques, bibliographie d'ouvrages singuliers, etc.

22. **L'Artiste.** *Paris,* 1831-1838 ; 15 vol. pet. in-4, demi-rel. dos et coins de veau fauve, dos orné. 300 fr.

Rare exemplaire de la PREMIÈRE SÉRIE (1ᵉʳ février 1831-22 avril 1838) de cette belle et très artistique revue des Beaux-Arts, illustrée de 15 frontispices et de 744 planches lithographiées ou gravées en taille-douce et ainsi réparties :
  Tome Iᵉʳ, 53 pl. — Tome II, 51 pl. — Tome III, 52 pl. — Tome IV, 51 pl. — Tome V, 58 pl. — Tome VI, 48 pl. — Tome VII, 58 pl. — Tome VIII, 49 pl. — Tome IX, 59 pl. — Tome X, 47 pl. — Tome XI, 49 pl. — Tome XII, 48 pl. — Tome XIII, 51 pl. — Tome XIV, 46 pl. — Tome XV, 24 pl.
  La plupart de ces charmantes compositions sont dues à *Hipp. Bellangé, Decamps, Johannot, Charlet, Devéria, H. Vernet, Raffet, Roqueplan, Nanteuil, Eug. Delacroix* et autres artistes de l'époque romantique.

23. **Assoucy.** Les Avantures d'Italie, par Monsieur d'Assoucy. *Paris, impr. d'Ant. de Rafflé,* 1677 ; in-12, bas., dos orné, tr. dor. 25 fr.

Cet ouvrage renferme de piquants détails de voyage entremêlés de pièces de vers.

24. **Avaugour** (Baronnie d'). Premier [et second] Mémoire pour l'Inspecteur général du domaine de la Couronne, sur la réunion à la Couronne de la baronnie d'Avaugour, châtellenie de Clisson, etc. *Paris, impr. royale,* 1774 ; 3 vol. in-4, veau, dos orné, fil. (*Rel. anc.*). 20 fr.

25. **Azeglio.** La Reale Galleria di Torino. Illustrata da Roberto d'Azeglio. *Torino, Bassadona,* 1836-1841 ; 3 vol. in-fol., demi-rel. dos et coins de mar. rouge, dos orné, tr. dor. 200 fr.

Très bel exemplaire sur PAPIER VÉLIN renfermant 120 planches tirées AVANT LA LETTRE.

26. **Banville** (Théodore de). Contes bourgeois, avec un dessin de Georges Rochegrosse. *Paris, G. Charpentier,* 1885 ; in-12, br., couv. 3 fr.

ÉDITION ORIGINALE.

Et de Livres anciens et modernes

27. **Barclaii** (Jo.). Argenis. Editio novissima, cum clave, hoc est nominum propriorum elacidatione hactenus nondum edita. *Lugd. Bat., ex officina elzeviriana*, 1630 ; pet. in-12, mar. rouge, dos orné, fil. à froid, tr. dor. (*Rel. anc.*). 25 fr.

> Deuxième édition sous cette date, en 380 pp. et 3 ff. d'index. Elle se distingue par l'en-tête dit à la sirène noire.
> Haut. 116 mm. — Raccommodage au titre.

28. **Barentin**. Mémoire autographe de M. de Barentin, chancelier et garde des sceaux sur les derniers conseils du roi Louis XVI. *Paris*, 1844 ; in-8, br. 3 fr.

29. **Barthélemy** (Édouard de). Les Grands Ecuyers et la Grande Ecurie de France avant et depuis 1789. *Paris*, 1868 ; in-12, br. 4 fr.

> PAPIER VERGÉ, tiré à 200 exemplaires.

30. **Bastille** (Pièces sur la). 2 vol. in-8, bas. (*Rel. anc.*). 12 fr.

> 1. Remarques historiques sur la Bastille. *Londres*, 1783. — 2. Mémoires sur la Bastille, par Linguet. *Londres*, 1783 ; front. — 3. Apologie de la Bastille pour servir de réponse aux mémoires de Linguet, par M*** (Servan). *Philadelphie (Lausanne)*, 1784. — 4. La Bastille dévoilée (par Charpentier). *Paris*, 1789. 5 livr. (sur 9). — 5. La Bastille au diable. *Paris*, 1790. — 6. Plan gravé de la Bastille.

31. **Baudrillart** (Henri). Les Populations agricoles de la France. *Paris, Hachette*, 1885 ; in-8, br. 5 fr.

32. **Bauvillers**. Manuel sur la cuisine ou l'art d'irriter la gueule, par une société de gens de bouche. *Metz, Antoine*, 1811 ; in-8, br. 10 fr.

> Véritable première édition du *Cuisinier royal*. M. Vicaire, dans sa « Bibliographie gastronomique » pense que le nom de Beauvilliers ou Bauvilliers, sous lequel ce livre a été réédité, est un pseudonyme.

33. **Bayle** (Pierre). Dictionnaire historique et critique. *Rotterdam, Reinier Leers*, 1697 ; 4 tomes en 2 vol. in-fol. — Nouveau Dictionnaire historique et critique pour servir de supplément au dictionnaire de P. Bayle, par Jaques George de Chaufepié. *Amsterdam*, 1750-1756 ; 4 vol. in-fol. Ens. 6 vol. in-fol., veau (*Rel. anc.*). 40 fr.

34. **Bayle** (Pierre). Dictionnaire historique et critique de Pierre Bayle. Nouvelle édition augmentée de notes extraites de Chaufepié, Joly, La Monnoie, Le Duchat, Leclerc, Prosper Marchand, etc. *Paris, Desoer*, 1820 ; 16 vol. in-8. cart., *non rognés*. 70 fr.

> Cartonnage neuf.

35. **Bazire** (Edmond). Manet. Illustrations d'après les originaux et gravures de Guérard. *Paris, Quantin*, 1884 ; in-8, br. 7 fr.

> Portrait de *Manet* par *Guérard* et reproduction des œuvres du maitre.

36. **Beauchamp** (Alph. de). Histoire de la Guerre de la Vendée ou tableau des guerres civiles de l'Ouest, depuis 1792 jusqu'en 1815. Quatrième édition. *Paris, Michaud*, 1820 ; 4 vol. in-8, demi-rel. bas. 30 fr.

> Cartes et portraits.

37. **Beauchesne**. La Vie et la légende de madame Sainte Notburg. Etablissement de la foi chrétienne dans la vallée du Neckar. *Paris, H. Plon*, 1868 ; in-4, demi-rel. chagr. rouge, plats toile, tr. dor. 10 fr.

> Ouvrage imprimé en caractères gothiques, avec texte encadré, orné de 84 gravures sur bois d'après *J. Langlois*.

38. **Beaumarchais**. Œuvres complètes. *Paris, Etienne Ledoux*, 1821 ; 6 vol. in-8, demi-rel. veau fauve, dos orné, *non rognés* (*Thouvenin*). 20 fr.

> Édition fort bien imprimée, avec le portrait de l'auteur en double état.

39. **Beaurain** (Chevalier de). Histoire militaire du duc de Luxembourg, contenant le détail des marches, campemens, batailles, sièges et mouvemens des armées du roi et de celles des alliées en Flandre. *La Haye, Benj. Gibert*, 1756-1758 ; 6 tomes en 2 vol. in-4, portr. et cartes, veau marbr., dos orné, fil., tr. rouge (*Rel. anc.*). 25 fr.

40. **Beaux-Arts**. Recueil de 7 pièces sur les Beaux-Arts. *Paris*, 1752-1807 ; en un vol. in-12, demi-rel. bas. 15 fr.

> Périclès. De l'influence des Beaux-Arts sur la félicité publique, par Charles d'Alberg, 1807.— Millin. Description des statues des Tuileries, 1798. — Catalogue des objets contenus dans la galerie du Museum. — Lettre à M*** sur les peintures, les sculptures et les gravures du Salon de 1763. (Joli titre gravé.) — Essai sur la peinture, par M. de B. (Bachaumont) 1763. — Etc.

Achat de Bibliothèques

41. Belidor. Nouveau Cours de Ma-
thématiques, à l'usage de l'artille-
rie et du génie, où l'on applique
les parties utiles de cette science à
la théorie et à la pratique. Nouvelle édition. *Paris Jombert,* 1757 ;
in-4, pl., veau. 10 fr.

Exemplaire fatigué.

42. Bellamy (Miss). Mémoires de
Miss Bellamy, célèbre actrice de
Londres ; traduits de l'anglais (par
MM. Benoist et P. Bernard de La
Marre). *Paris, an* VII (1799) ; 2 vol.
in-8, br. 12 fr.

Portrait et une figure gravés en taille-
douce.

43. Belordeau (Pierre). Épitome ou
abbregé des observations forenses,
où sont contenues diverses questions tirées du droict civil, des ordonnances et des coustumes et
confirmées par arrest du Parlement
de Bretagne. *Paris, Nicolas Buon,*
1617 ; in-4, veau, dos orné (*Rel.
anc.*). 10 fr.

Légère mouillure.

44. Béraldi. L'Œuvre de Moreau le
jeune. Notice et catalogue par Henri Draibel. Portrait gravé d'après
Cochin. *Paris, Rouquette,* 1874 ;
pet. in-8, br. 7 fr.

45. Bergier. Histoire des grands
Chemins de l'Empire romain, contenant l'origine, progrès et étendue
quasi incroyble des chemins militaires, etc., par Nicolas Bergier.
Bruxelles, J. Léonard, 1736 ; in-4,
front. et pl., veau. 15 fr.

Nombreuses inscriptions lapidaires.

46. Berkenmeyer. La Curieux an-
tiquaire, ou recueil géographique
et historique des choses les plus
remarquables qu'on trouve dans les
quatre parties de l'Univers. *Leide,
vander Aa,* 1729 ; 3 vol. in-8,
veau. 12 fr.

Planches gravées sur cuivre.

47. Berleux (Jean). La Fin de Mu-
rat en trois tableaux d'après Alexandre Dumas. *Paris, Paul Ollen-
dorff,* 1890 ; in-12, portr., br.,
couv. 4 fr.

Exemplaire sur PAPIER DE HOLLANDE.
Jean Berleux est le pseudonyme de M.
Maurice Quentin-Bauchart.

48. Berlot-Chapuit. Fables-pro-
verbes, précédées d'une lettre-in-

troduction de M. de Lamartine.
Paris, 1864 ; in-8, fig., br., couv. 10 fr.

Édition illustrée d'après les dessins de
*Rosa Bonheur, Bertall, Daubigny, Jules
David, Gavarni, Ph. Rousseau,* gravés
sur bois par *Lavieille.*

49. Bernard. Œuvres de Bernard,
ornées d'une gravure d'après Prudhon. *Paris, Janet et Cotelle,* 1823 ;
in-8, br. 15 fr.

Très bel exemplaire sur PAPIER VÉLIN,
avec la figure de *Prudhon* en double état:
eau-forte et avant lettre sur Chine, gravée
par *Roger.*

50. Bernard (Aug.). Geofroy Tory,
peintre et graveur, premier impri-
meur royal. *Paris,* 1857. — Antoine Vitré et les caractères orien-
taux de la Bible polyglotte de Paris. *Paris,* 1857. — Les Estienne
et les types grecs de François Ier.
Paris, 1856. Ens. 3 ouvrages en un
vol. in-8, demi-rel. veau fauve,
éb. 12 fr.

51. Bernard (Aug.). Histoire de
l'Imprimerie royale au Louvre. *Paris, impr. impériale,* 1867 ; in-8,
br. 3 fr.

52. Bertrand (Alexandre). La Gaule
avant les Gaulois d'après les monument et les textes. *Paris, Leroux,*
1884 ; in-8, fig., br. 4 fr.

53. Bessas de la Mégie (O. de).
Légendaire de la Noblesse. *Paris,*
1865 ; in-8, br. 8 fr.

54. Bibliothèque bleue (La), entièrement refondue et considérablement augmentée. *Paris, Costard,*
1776 ; 4 vol. in-8, demi-rel. bas. 25 fr.

Cette collection, illustrée de 6 figures de
Desrais, comprend : Histoire de Pierre
de Provence et de la belle Maguelonne. —
Histoire de Robert-le-Diable. — Histoire
de Richard sans peur. — Histoire de For-
tunatus. — Histoire de Jean de Calais. —
Les Quatre fils Aymon. (Le relieur a in-
versé les 2 parties).

55. Bibliothèque de l'Enseigne-
ment des Beaux-Arts. *Paris, Quantin, s. d.;* 34 vol. in-8, br. 75 fr.

Archéologie étrusque et romaine. — Archéologie orientale. — Architecture grecque. — Architecture romaine. — Architecture gothique. — Architecture de la Renaissance. — Les Armes. — Art arabe. —
Art chinois. — Art héraldique. — Art ja-
ponais. — Broderie et dentelle. — La
Composition décorative. — Le Costume en
France. — La Faïence. — La Gravure. —
Lexique des termes d'art. — Livre, impression et reliure. — Les Manuscrits et la

miniature. — Le Meuble (tome 1er). — Monaies et médailles. — La Musique. — La Musique française. — La Mythologie figurée. — La Peinture antique. — La Peinture anglaise. — La Peinture flamande. — La Peinture italienne. — Précis d'histoire de l'Art. — Les Sceaux. — La Sculpture antique. — Les Styles français. — La Tapisserie. — Les Vitraux.

56. **Bibliothèque** de Madame la Dauphine (Marie-Antoinette d'Autriche). Histoire. *Paris, Saillant et Noyon*, 1770 ; in-8, cart., tête dor., *non rogné*.   10 fr.

> Ce catalogue, qui n'a pas été terminé, ne comprend que 166 articles. Il est précédé d'une étude générale de l'histoire due à l'historiographe de France Moreau, bibliothécaire de la Dauphine.
> Joli frontispice d'*Eisen*.

57. **Bitaubé**. Joseph, par Bitaubé. Sixième édition revue et corrigée. *Paris, Didot aîné*, 1797 ; 2 vol. pet. in-12, veau gris, dos orné, orn. à froid, tr. dor.   20 fr.

> 9 figures de *Marillier*, gravées par *Née*. Jolie reliure romantique.

58. **Blondel** (David). Des Sibylles celebrées tant par l'antiquité payenne que les Saincts Pères, discours traittant des noms et du nombre des Sibylles, de leur condition, de la forme et matière de leurs vers. *Charenton, Vve L. Perier et N. Perier*, 1649; in-4, veau, dos orné. 25 fr.

59. **Boccace**. Le Décaméron de Jean Bocace. Traduict d'italien en françoys par maistre Antoine le Maçon. Avec notice, notes et glossaires par Frédéric Dillaye. *Paris, Alphonse Lemerre*, 1882-1884 ; 5 vol. in-12, portr., br.   45 fr.

> L'un des 50 exemplaires sur PAPIER WHATMAN (n° 1).

60. **Bodin** (Jean). De la Demonomanie des Sorciers, par J. Bodin, angevin. *Paris, Jacques du Puys*, 1581; in-4, veau, granit, dos orné. 30 fr.

> Bel exemplaire.

61. **Boileau**. Œuvres de Nic. Boileau-Despréaux. Nouvelle édition, avec des éclaircissemens historiques donnés par lui-même et rédigés par Brossette ; augmentée de plusieurs pièces avec des remarques par M. de Saint-Marc. *Paris, David*. 1747 ; 5 vol. in-8, portr. et fig., veau granit, dos orné, tr. rouge (*Rel. anc.*).   30 fr.

> Vignettes en-tête dessinées par *Eisen*, gravées par *Aveline*.

62. **Boileau**. Œuvres poétiques de Boileau. Avec des notices par M. Poujoulat. *Tours, Alfred Mame*, 1870 ; gr. in-8, br., couv.   20 fr.

> Exemplaire sur GRAND PAPIER VERGÉ numéroté, orné du portrait de l'auteur et de 20 vignettes sur Chine appliqué, gravés à l'eau-forte par *V. Foulquier*.

63. **Borel** (P.). Tresor de recherches et antiquitez gauloises et françoises réduites en ordre alphabétique, et enrichies de beaucoup d'origines, épitaphes, comme de beaucoup de mots de la langue thyoise ou theuth franque. *Paris, A. Courbé*, 1655 ; in-4, veau.   25 fr.

64. **Bory de Saint-Vincent**. Essai sur les isles fortunées et l'antique Atlantide, ou précis de l'histoire générale de l'archipel des Canaries. *Paris, Baudouin, germinal an XI* (1803) ; in-4, veau racine, dos orné, dent. (*Rel. anc*). 10 fr.

> Planches gravées en taille-douce.

65. **Bossuet** (Jacques-Benigne). Discours sur l'histoire universelle à Mgr. le Dauphin, pour expliquer la suite de la Religion et le changemens des Empires. *Paris, Sébastien Mabre-Cramoisy*, 1681 ; in-4, veau.   30 fr.

> ÉDITION ORIGINALE.

66. **Bouchot** (Henri). Le Cabinet des Estampes de la Bibliothèque nationale. *Paris, Dentu, s. d.* (1895) ; in-8, br.   7 fr.

67. **Boudard** (André). Mémoires, lettres et pièces authentiques touchant la vie et la mort de S. A. S. Mgr. Louis-Antoine-Henri de Bourbon-Condé, duc d'Enghien. *Paris, Audin*, 1823 ; in-8, portr., br. 8 fr.

68. **Bouhours**. La Manière de bien penser dans les ouvrages d'esprit. Dialogues. *Paris, Vve Séb. Mabre-Cramoisy*, 1687 ; in-4, veau. 12 fr.

> ÉDITION ORIGINALE.

69. **Bourget** (Paul). Œuvres de Paul Bourget. *Paris, Alphonse Lemerre*, 1885-1891 ; 4 vol. pet. in-12, portr., br.   40 fr.

> Poésies. 2 vol. — L'Irréparable. — Cruelle énigme.
> L'un des 25 exemplaires sur PAPIER DE CHINE.

70. **Bourgueville** (Charles de). Les Recherches et antiquités de la pro-

vince de Neustrie, à présent duché de Normandie. *Caen, Chalopin,* 1833 ; in-8, br. 12 fr.

PAPIER VERGÉ. — Plan de la ville de Caen.

71. **Bournand** (François). Les Arts et les grands artistes de la Renaissance italienne. *Paris, Bernard,* 1886 ; in-8, br. 5 fr.

Gravures d'après les œuvres des grands maîtres.

72. **Bref** de N. S. P. le Pape Clément XIV, pour la suppression de l'institut des Jésuites. (*Paris,* 1773) ; in-4, br. 4 fr.

Texte latin et traduction française.

73. **Briquet** (Mme Fortunée). Dictionnaire historique, littéraire et bibliographique des Françaises et des Etrangères connues par leurs écrits, ou par la protection qu'elles ont accordée aux gens de lettres. *Paris,* 1804 ; in-8, br. 10 fr.

Joli portrait de l'auteur par Mme de Noireterre, gravé par Gaucher.

74. **Brizeux** (A.). Les Bretons, poème. *Paris, Paul Masgana,* 1845 ; in-8, cart., *non rogné (Pierson).* 6 fr.

ÉDITION ORIGINALE.

75. **Brumoy**. Théâtre des Grecs, par le P. Brumoy. Nouvelle édition enrichie de très belles gravures et augmentée de la traduction entière des pièces grecques. *Paris, Cussac,* 1785-1789 ; 13 vol. in-8, veau granit, dos orné, fil. (*Rel. anc.*). 40 fr.

23 figures par Borel, Defraine, Le Barbier, Maréchal, Marchand, Marillier et Monnier, gravées par Delignon, Guttemberg, Halbou, Langlois, Masquelier, Patas, Petit et Texier.

76. **Bruzen de la Martinière.** Histoire de la vie et du règne de Louis XIV, roi de France, rédigée sur les mémoires de feu M. le comte de *** (attribué au P. de la Mothe, dit de La Hode, ex-jésuite), publiée par Bruzen de la Martinière. *La Haye, J. van Duren,* 1740-1742 ; 5 vol. in-4, bas. marbr., dos orné, tr. peig. 30 fr.

Cet ouvrage renferme la reproduction de toutes les médailles commémoratives frappées sous Louis XIV.

77. **Bryand** (Édouard). Histoire de Saint-Domingue depuis 1789 jusqu'en 1794. *Paris, Blanchard,* 1812, in-8, br. 3 fr.

78. **Burtin** (Fr.-Xavier). Traité théorique et pratique des connoissances qui sont nécessaires à tout amateur de tableaux et à tous ceux qui veulent apprendre à juger, apprécier et conserver les productions de la peinture. *Bruxelles, impr. de Weissenbruch,* 1808 ; 2 vol. in-8, portr., demi-rel. bas., *non rognés.* 25 fr.

Bon ouvrage. Quelques piqûres de vers.

79. **Burty** (Philippe). Pas de lendemain. *Paris, l'auteur,* 1869 ; pet. in-8, réglé, br., couv. 15 fr.

Tiré à petit nombre pour les amis de l'auteur.

80. **Cabinet** (Le) du Roy Louis XI, contenant plusieurs fragmens, lettres missives, et secretes intrigues du règne de ce monarque et autres pièces très curieuses (par Tristan l'Hermite de Soliers). *Paris, Quinet,* 1661 ; in-12, front., veau. 25 fr.

Ce livre est extrait de la chronique de Louis XI et se rapporte surtout à Antoine de Chabannes, comte de Dammartin.

81. **Cailliat** (Victor). Parallèle des Maisons de Paris, construites depuis 1830 jusqu'à nos jours, dessiné et publié par Victor Cailliat, architecte. Seconde édition. *Paris, Bance,* 1857 ; in-fol., cart. 20 fr.

126 planches.

82. **Calendrier** des Princes et de la noblesse pour 1885 (et 1886). *Paris,* 1885-1886 ; 2 vol. pet. in-8, br. 10 fr.

83. **Calmet** (Dom Augustin). Dictionnaire historique, critique, chronologique, géographique et littéral de la Bible. Enrichi d'un grand nombre de figures en taille-douce, qui représentent les antiquitez judaïques. *Paris, Emery,* 1722-1728 ; 4 vol. in-fol., veau. 60 fr.

ÉDITION ORIGINALE, avec les figures en premier tirage, de cet ouvrage fort estimé.

84. **Cambry.** Catalogue des objets échappés au vandalisme dans le Finistère, dressé en l'an II par Cambry, publié par ordre de l'Administration du département. Nouvelle édition par J. Trévédy. *Rennes, Caillière,* 1889 ; in-8, br. 6 fr.

Tiré à 300 exemplaires.

85. **Campagne** des Français en Italie en 1800, sous le commande-

ment de Bonaparte et de Berthier, par W..., officier, attaché à l'Etat-Major. *Leipzig, Reinicke et Hinrichs,* 1801 ; in-4, br.   **8 fr.**

Portrait de Bonaparte gravé par *Moreau* et 4 cartes coloriées de la Campagne de 1800.

86. **Carmontelle.** Proverbes dramatiques. Deuxième édition. (Par N. Carmontelle). *Versailles, Poinçot,* 1783 ; 8 vol. in-8, demi-rel. bas.   **30 fr.**

Les deux derniers volumes sont à la date de 1781.

87. **Cassini** fils. Voyage fait par ordre du roi en 1768, pour éprouver les montres marines inventées par M. le Roy, par M. Cassini fils. Avec la meilleure manière de mesurer le tems en mer. *Paris, Ch.-Ant. Jombert,* 1770 ; in-4, veau fauve (*Rel. anc.*).   **7 fr.**

Planches gravées sur cuivre.

88. **Catalogue** des livres composant la bibliothèque poétique de M. Viollet-le-Duc. Avec des notes bibliographiques, biographiques et littéraires sur chacun des ouvrages catalogués. Chansons, fabliaux, contes en vers et en prose, facéties, etc. *Paris, Flot,* 1847 ; in-8, br.   **4 fr.**

Notes bibliographiques pleines d'érudition et d'aperçus ingénieux.

89. **Catalogus** bibliothecæ Thuanæ, a Petro et Jacobo Puteanis, ordine alphabetico primum distributis. *Parisiis,* 1679 ; 2 vol. in-8, veau (*Rel. anc.*).   **25 fr.**

90. **Catrou** et **Rouillé.** Histoire romaine depuis la fondation de Rome, avec des notes historiques, géographiques et critiques. *Paris, Rollin,* 1725-1730 ; 16 vol. in-4, veau fauve, dos orné (*Rel. anc.*).   **30 fr.**

Nombreuses planches et cartes en taille-douce.

91. **Catulle.** Traduction complète des poésies de Catulle, suivie des poésies de Gallus et de la Veillée des fêtes de Vénus, par François Noel. *Paris, impr. de Crapelet,* 1803 ; 2 vol. in-8, cart., *non rognés.*   **10 fr.**

Frontispice de *Girodet.* et plan de la maison de Catulle.

92. **Cazotte** (Jacques). Le Diable amoureux. Préface de A.-J. Pons. Eaux-fortes de F. Buhot. Variantes et bibliographie. *Paris, Quantin,* 1878 ; in-8, portr., br.   **7 fr.**

Texte encadré d'un filet rouge.

93. **Cazotte** (J.). Œuvres badines et morales, historiques et philosophiques. *Paris, Bastien,* 1817 ; 4 vol. in-8, cart. toile, *non rognés.* **35 fr.**

Cette édition illustrée de figures en taille-douce, renferme la suite des gravures attribuées à *Moreau* pour le Diable amoureux.

94. **Cesar.** C. Julii Cæsaris quæ extant. Ex emendatione Jos. Scaligeri. *Lugduni Batavorum, ex off. Elzeviriana,* 1635 ; pet. in-12, veau fauve, dos orné, fil. (*Rel. anc.*). **10 fr.**

Édition en 526 pp. — Haut.: 128 mm.

95. **Chabert.** Voyage fait par ordre du roi en 1750 et 1751, dans l'Amérique septentrionale, pour rectifier les cartes des côtes de l'Acadie, de l'Isle royale et de l'Isle de Terre-neuve. *Paris, impr. royale,* 1753 ; in-4, pl., veau.   **10 fr.**

96. **Challamel** (Augustin). Histoire-Musée de la République française, depuis l'Assemblée des notables jusqu'à l'Empire. *Paris, Challamel,* 1842 ; 2 vol. gr. in-8, demi-rel. dos et coins de chagr. brun, dos orné, tête dor., *non rognés.* **30 fr.**

PREMIÈRE ÉDITION, ornée de 150 figures hors texte et nombreuses vignettes : costumes, médailles, caricatures, portraits et autographes du temps.
Bel exemplaire.

97. **Chamfort.** Œuvres. *Paris, an III* (1796); 4 vol. in-8, veau marbr., dos orné (*Rel. anc.*).   **10 fr.**

98. **Champ-Repus** (Jacques de). Œuvres poétiques de Jacques Champ-Repus, gentilhomme bas normand. Publiées et annotées par Marigues de Champ-Repus. *Paris, Bachelin-Deflorenne,* 1864 ; pet. in-8, br.   **3 fr.**

Tiré à 200 exemplaires sur PAPIER VERGÉ.

99. **Chardin.** Voyages du chevalier Chardin en Perse, et autres lieux de l'Orient. Nouvelle édition soigneusement conférée sur les trois éditions originales, par L. Langlès. *Paris, Le Normant,* 1811 ; 10 vol. in-8, veau racine, dos orné, fil., tr. marbr. (*Rel. anc.*).   **45 fr.**

L'ouvrage est complété par un Atlas (de relié) de 82 très belles planches gravées en taille-douce.

100. Charnay (Désiré). Cités et ruines américaines recueillies par Désiré Charnay. Avec un texte par M. Viollet-le-Duc. *Paris, Gide et Morel,* 1863 ; in-8, br.   5 fr.

Texte seul.

101. Charron (Pierre). De la Sagesse, trois livres. *Suivant la vraye copie de Bourdeaux, à Leyde, chez Jean Elzevier,* 1656 ; pet. in-12, front., mar. rouge, dos orné, double rangée de fil. à la Duseuil, tr. dor. (*Rel. anc.*).   50 fr.

Haut. 133 mm.

102. Chaulieu. Œuvres de Chaulieu, d'après les mss de l'auteur. *La Haye, Gosse (Paris, Cazin),* 1777 ; 2 vol. pet. in-12, portr., mar. rouge, dos orné, fil., tr. dor. (*Rel. anc.*).   12 fr.

103. Chefs-d'œuvre des Théâtres étrangers, traduits en français par MM. Aignan, Andrieux, de Barante, Benj. Constant, Chatelain, Cohen, Denis, Esménard, Guizot, Nodier, Villemain, etc. *Paris, Ladvocat,* 1822-1823 ; 25 vol. in-8, cart., *non rognés.*   75 fr.

Collection renfermant : *Théâtre allemand* (6 vol.): Lessing, Werner, Mulner, Kotzebue, Goethe. — *Théâtre anglais* (5 vol.): Ben Jonson, Rowe, Otway, Dodsley, J. Home, Goldsmith, Thomson, Wicherley, Farquhar, etc. — *Théâtre espagnol* (6 vol.) : Calderon, Lope de la Vega, Torres, Narralio, Cervantès, Guillen de Castro, Moratin. — *Théâtre hollandais* (1 vol.) : Hooft, Vondel, Langendyck. — *Théâtre italien* (3 vol.): Goldoni, Giraud, Rossi, Nota, etc. — *Théâtre polonais* (1 vol.) : Felinski, Wenzyk, Niemcewitz, Kochanowski. — *Théâtre portugais* (1 vol.) : Gomès, Pimenta, de Aguira, etc. — *Théâtre russe* (1 vol.); Ozerof, Fon-Vizin, Krilof, Schakrfskoï. — *Théâtre suédois* (1 vol.) : Léopold, Gyllenbosg, Lindegren.

104. Chefs-d'œuvre dramatiques du XVIIIᵉ siècle, ou choix des pièces les plus remarquables de Regnard, Lesage, Destouches, Beaumarchais, Marivaux, etc., etc. Edition précédée d'une préface, d'une introduction et d'une notice sur chaque auteur, par Jules Janin. *Paris, Laplace-Sanchez,* 1872 ; gr. in-8, en feuilles.   25 fr.

26 figures dessinées par *Geoffroy*, tirées en couleur sur vélin et en noir sur Chine appliqué. Exemplaire en GRAND PAPIER VERGÉ.

105. Chesneau (Ernest). Le Statuaire J. B. Carpeaux. Sa vie et son œuvre. *Paris, Quantin,* 1880 ; in-8, br.   12 fr.

Portrait, figures à l'eau-forte et vignettes reproduisant les œuvres et les études du maître.

106. Choiseul-Gouffier. Voyage pittoresque de la Grèce. *Paris,* 1782 ; in-fol., veau fauve, dos orné, dent., tr. dor. (*Rel. anc.*)   50 fr.

Tome premier seul de cet important et bel ouvrage illustré de 127 planches par *Moreau, Hilair* et *Choiseul-Gouffier.* Charmants culs-de-lampe par *Huet* et *Aug. Saint-Aubin.*

107. Choisy (Abbé de). La Vie de Saint Louis. *Paris, Claude Barbin,* 1689 ; in-4, veau.   12 fr.

Jolies vignettes en-tête.

108. Choix de petits Romans de différens genres par L. M. D. P. (le marquis de Paulmy), revus, corrigés et augmentés par l'auteur. *Londres et Paris, Gattey,* 1789 ; 2 vol. pet. in-12, demi-rel. mar. rouge, dos orné (*Noël*).   20 fr.

109. Cholières. La Guerre des mâles contre les femelles. Representant en trois dialogues les prerogatives et dignitez tant de l'un que de l'autre sexe. Avec les meslanges poëtiques du sieur de Cholieres. *Paris, Gilles Robinot,* 1614 ; pet. in-12, mar. rouge, dos orné, fil., tr. dor. (*Rel. anc.*).   75 fr.

Brunet pense que cette édition n'est autre que la première de 1588, avec un titre renouvelé. Rare.

110. Ciceron. Œuvres complètes de M. T. Cicéron, traduites en français, le texte en regard. *Paris, Fournier,* 1816-1818 ; 29 vol. — Ernesti, Clavis ciceronia. *Paris,* 1818 ; 2 vol. Ens. 31 vol. in-8, portr., demi-rel. veau, dos orné (*Martin*).   60 fr.

Jolie reliure.

111. Ciceron. Marci Tullii Ciceronis de Officiis, de Amicitia et de Senectute libri accuratissime emendati. *Parisiis, apud Ant.-Aug. Renouard,* 1796 ; in-4, demi-rel. chagr., dos orné, *non rogné* (*Coméleran*).   15 fr.

Cette belle édition, imprimée par Didot jeune sur PAPIER VÉLIN, n'a été tirée qu'à 163 exemplaires (n° 119).

112. Cladel. L'Amour romantique, préface par O. Uzanne. Illustrations par A. Ferdinandus, gravées par Gaujean, Beaumont et Puyplat. *Paris, Rouveyre et Blond*, 1882 ; in-8, br.   5 fr.

PAPIER VERGÉ.

113. Claretie (Jules). Œuvres de Jules Claretie. Robert Burat. *Paris, Alphonse Lemerre*, 1886 ; pet. in-12, portr., br.   10 fr.

L'un des 20 exemplaires sur PAPIER DE CHINE.

114. Claudiani (Cl.) quæ exstant. Nic. Heinsius Dan. f. recensuit ac notas addidit. Accedunt quædam hac tenus non edita. *Lugduni Batavorum, ex off. Elzeviriana,* 1650 ; pet. in-12, titre gravé, mar. rouge, dos orné, fil., tr. dor. (*Rel. anc.*).   30 fr.

Haut. 128 mm.

115. Clément de Vebron. Les Borgia. Histoire du pape Alexandre VI, de César et de Lucrèce Borgia, par l'abbé Clément (de Vebron). *Paris,* 1882 ; in-8, br.   4 fr.

Ouvrage illustré de 4 portraits reproduits d'après les originaux.

116. Clément (Pierre). Le Gouvernement de Louis XIV ou la Cour, l'administration, les finances et le commerce de 1683 à 1689. *Paris, Gillaumin,* 1848 ; in-8, br.   5 fr.

117. Cochin. Œuvres de feu M. Cochin, écuyer, avocat au Parlement, contenant le recueil de ses mémoires et consultations. Nouvelle édition. *Paris, Th. Hérissant,* 1771-1790 ; 6 vol. in-4, bas. 20 fr.

118. Colet (Mme Louise). Poésies. *Paris, impr. de Lacrampe,* 1842 ; in-fol., demi-rel. dos et coins de mar. rouge, tête dor., *non rogné.* 20 fr.

Papier vélin. Fac-simile d'écriture.

119. Le même. *Paris,* 1842 ; in-fol., br.   12 fr.

120. Collection universelle des Mémoires particuliers relatifs à l'Histoire de France (Recueillis par Boucher, Ant. Perrin, L. Dussieux et autres, publiés avec des observations par Duchesnay). *Londres et Paris,* 1785-1791 ; 71 vol. in-8, veau (*Rel. anc.*).   125 fr.

Joinville. — Duguesclin — Boucicaut. — La Marche. — Commines. — Jean de Troyes. — Du Bellay. — Montluc. — Tavannes. — Vieilleville. — Boivin. — Rabutin. — Castelnau. — Cheverny. — Marguerite de Valois. — Cayet. — Villeroy. — Brantôme. — Etc.

121. Collot d'Herbois. Almanach du Père Gérard pour l'année 1792, IIIe de la liberté. *Paris, Buisson,* 1792 ; in-24, front. de Borel, mar. rouge, dos orné, fil. tr. dor. (*Rel. anc.*).   10 fr.

Frontispice de *Borel.*

122. Comtesse (La) de Châteaubriant ou les effets de la jalousie (par Pierre de Lesconvel). *Amsterdam, Jean Garrel (Rouen),* 1695 ; in-12, veau fauve, dos orné, fil., *non rogné* (*Kœhler*).   15 fr.

Bel exemplaire.

123. Conti (Prince de). Les Devoirs des Grands, par Mgr. le prince de Conty, avec son testament. *Paris, Claude Barbin,* 1666 ; pet. in-8, mar. rouge. jans., tr. dor. (*Hardy-Mennil*).   20 fr.

Bel exemplaire grand de marges.

124. Coppée (François). Bleuette, contes en vers. Illustrations de Henri Pille, gravées par Prunaire. *Paris, Alphonse Lemerre,* 1880 ; in-4, cart. toile, tr. dor.   5 fr.

Gravures en couleur.

125. Corneille (Pierre). Théâtre de P. Corneille. Texte de 1682, avec notices et notes par Alphonse Pauly. *Paris, Alphonse Lemerre,* 1881-1886 ; 8 vol. in-12, portr., br.   70 fr.

L'un des 50 exemplaires sur PAPIER WHATMAN (n° 1) avec la suite des 32 eaux-fortes par *Mongin,* d'après *Gravelot,* tirées sur même papier et de format gr. in-8.

126. Correspondance secrète et familière de M. de Meaupeou avec M. de Sor*** (Sorhouet), conseiller du nouveau parlement. (Par Pidansat de Mairobert). *S. l.,* 1771 ; in-8 de 212 pp. — Conversation familière de M. le chancelier avec le sieur le Brun. *Paris, s. d.* Ens. 2 tomes en 1 vol. in-8, mar. rouge, dos orné, dent., tr. dor. (*Rel. angl. anc.*).   20 fr.

Cet ouvrage qui eut beaucoup de succès lors de son apparition, fut réimprimé et augmenté sous le titre de Maupeouana.

127. Cosquin (Emmanuel). Contes populaires de Lorraine, comparés avec les contes des autres provinces de France et des pays étrangers. *Paris, Viewey* (1886) ; 2 vol. in-8, br. 12 fr.

128. Coster (Charles de). Légendes flamandes, précédées d'une préface par Emile Deschanel. *Paris, Michel Lévy,* 1858 ; pet. in-8. br. (couv. ill.). 25 fr.

12 eaux-fortes par *Ad. Dillens, Ch. de Groux, Félicien Rops, Fr. Rossiaen, Ed. de Schampheleer, J. van Imschoot* et *Otto von Thoren.*

129. Cougny (Gaston). L'Art antique, Egypte, Chaldée, Assyrie, Perse, Asie-Mineure, Phénicie. *Paris, Didot,* 1892 ; in-8, br. 3 fr.

130. Cougny (Gaston). L'Art moderne, la Renaissance, Italie, France, Allemagne, Pays-Bas, Espagne. *Paris, Didot,* 1895 ; in-8, br. 3 fr.

131. Courcelles. Dictionnaire universel de la noblesse de France, par M. de Courcelles. *Paris,* 1820-1822 ; 5 vol. in-8, pl., br. 25 fr.

132. Coutumes de Bretagne. Les loables coustumes du pays et duché de Bretaigne. Visitees et corrigees par plusieurs discretz et venerables juristes. Avec les coustumes de la mer. Et avec les constitutions et etablissemens faitz et ordonnez en parlement general tenu a Vennes. *Nouvellement corrigees et amendees pour Jehan Mace, libraire demourant a Rennes, et pour Michel Angier demourant a Caen* (A la fin :) *Achevees le xii jour de Juing* 1517 ; pet. in-8 goth. de 225 et 24 ff. réglés, veau, tr. dor. (Rel. anc.). 100 fr.

Ancienne édition des coutumes de Bretagne portant la marque de Jean Macé sur le verso du dernier feuillet. *Les Ordonnances de Vannes* qui font suite occupent 2 ff. imprimés à Paris, et *La Constitution nouvelle stille et ordre de pledoyrie par escript du pays de Bretaigne.* Imprimée à Rennes par Jehan Baudoyn (1525). 8 ff.

133. Coutumes de Bretagne. Coustumes, establissemens et ordonnances du pays et duche de Bretaigne avec plusieurs allegations de droict conformes au texte de la dicte coustume, veues et corrigées par plusieurs practiciens discretz et venerables juristes dudict pays et duche. *Ex carracteribus par-*

rhisiis, 1531 ; pet. in-8 goth. de 212 et 18 ff., parch. 60 fr.

Édition rare. Le titre et un autre feuillet sont doublés.

134. Coutume de Bretagne, et usances particulières de quelques villes et territoires de la mesme province. Avec des observations très sçavantes, quantité de décisions et d'arrêts, par M***. *Nantes, Verger,* 1725 ; in-4, veau. 15 fr.

Ces observations, dites de l'anonyme, sur les Coutumes de Bretagne, ont été rédigées par Mothays, avocat au parlement de cette province.

135. Crébillon (Prosper Jolyot de). Œuvres de Crébillon. *Paris, impr. de Didot l'aîné,* 1812 ; 3 vol. in-8, portr. et fig., demi-rel. mar. rouge, *non rognés.* 15 fr.

Figures de *Peyron,* gravées par *Hubert, Thomas, Le Myre, Baquoy,* etc.

136. Dantan jeune. Musée Dantan. Galerie des charges et croquis des célébrités de l'époque. (Avec texte explicatif et biographique. *Paris, Delloye,* 1839) ; in-8, demi-rel. chagr. vert, dos orné, tr. dor. 15 fr.

100 portraits, donnant les curieuses charges des personnages célèbres du temps de Louis-Philippe, avec autant de notices. — Fortes mouillures.

137. Dante Alighieri. La Divine Comédie. Traduction nouvelle par Francisque Reynard. *Paris, Alphonse Lemerre,* 1878 ; 2 vol. in-12, portr., br. 20 fr.

Un des 100 exemplaires sur PAPIER WHATMAN (n° 1).

138. Daru (P.). Histoire de la République de Venise. Seconde édition, revue et corrigée. *Paris, Firmin Didot,* 1821 ; 8 vol. in-8, portr., demi-rel. veau, dos orné, *non rognés.* 35 fr.

Bel exemplaire.

139. Daudet (Alph.). Œuvres de Alphonse Daudet. *Paris, Alphonse Lemerre,* 1879-1891 ; 18 vol. pet. in-12, portr., br. 110 fr.

L'un des 25 exemplaires sur PAPIER WHATMAN, avec la suite des 6 eaux-fortes (tirées in-8) de *Félix Buhot,* pour les *Lettres de mon Moulin.*

140. Daudet (Alphonse). Tartarin sur les Alpes. Nouveaux exploits du héros tarasconnais. Illustré d'aquarelles par Aranda, de Beau-

Et de Livres anciens et modernes

mont, Montenard, de Myrbach, Rossi. Gravure de Guillaume frères. *Paris, Calmann Lévy*, 1885 ; in-8, br.   6 fr.

Édition du Figaro.

141. Daudet (Ernest). Le procès des Ministres 1830, d'après les pièces officielles et des documents inédits. *Paris, Quantin*, 1877 ; in-8, br.   3 fr.

142. Davila. Histoire des guerres civiles de France, contenant tout ce qui s'est passé de plus mémorable soubs le regne de quatre rois, François II, Charles IX, Henry III et Henry IV, jusques à la paix de Vervins inclusivement. Escrite en italien par H. C. Davila, et mise en françois par J. Baudouin. *Paris, P. Rocolet*, 1647 ; 2 vol. in-fol.. peau de truie. (*Rel. anc.*).   15 fr.

Frontispice. portrait de l'auteur et vignettes en-têtes par *G. Huret*.

143. Décade philosophique (La) littéraire et politique. *Paris, l'an II* (1793-1802 ; 33 vol. in-8, pl., demi-rel. bas.   150 fr.

Collection très estimée s'étendant dans cet exemplaire du 10 floréal an II, au 30 prairial an X.

« La Décade philosophique est le premier recueil littéraire qui sortit des orages de notre Révolution : ce fut comme la résurrection du goût et des principes en littérature, en morale et en politique. Les principaux rédacteurs étaient Say, Amaury Duval, Lebreton et Andrieux. » (*Hatin*, Bibliogr. de la Presse. p. 246).

144. Découvertes des Français en 1768 et 1769, dans le Sud-Est de la Nouvelle Guinée, et reconnoissances postérieures des mêmes terres par les navigateurs anglais qui leur ont imposé de nouveaux noms (par Claret de Fleurieu). *Paris, imprimerie royale*. 1790 ; in-4, veau racine, dos orné (*Rel. anc.*).   8 fr.

12 cartes ou planches gravées en taille-douce.

145. Delalande (A.). Histoire des guerres de Religion dans la Manche. *Paris, Dumoulin*, 1844 ; in-8, br.   5 fr.

146. Delaporte. Recherches sur la Bretagne. *Rennes*, 1819 ; 2 vol. in-8, demi-rel.   8 fr.

147. Delavigne (Casimir). Œuvres. Nouvelle édition. *Paris, Furne*, 1833-1835 ; 5 vol. in-8, portr. et fig., demi-rel. veau fauve, fil. 25 fr.

Messéniennes et poésies diverses. 1 vol. — Théâtre, 4 vol. Jolies figures de A. Johannot.

148. Delvau. Au Bord de la Bièvre. Impressions et Souvenirs par Alfred Delvau. *Paris, Imprimerie Preve*, 1854 ; in-12, br., couv.   15 fr.

ÉDITION ORIGINALE.

149. Delvau (Alfred). Les Dessous de Paris. Avec une eau-forte de Léopold Flameng. *Paris, Poulet-Malassis et de Broise*, 1860 ; in-12, br., couv.   12 fr.

ÉDITION ORIGINALE. Frontispice à l'eau-forte.

150. Denis (Ferdinand), **Pinçon** et **de Martonne**. Nouveau Manuel de Bibliographie universelle. *Paris, Roret*, 1857 ; in-8, cart.   5 fr.

151. Désaugiers. Chansons, précédées d'une notice par Alfred Delvau. *Paris, J. Bry*, 1859 ; in-8, fig., br.   5 fr.

152. Descartes (René). Les Méditations métaphysiques de René Descartes, touchant la première philosophie. Seconde édition, revue et corrigée par le traducteur (Charles-Albert, duc de Luynes), et augmentée de la version d'une lettre de M. Descartes au R. P. Dinet, et de celle des septiesmes objections et de leurs réponses (par Claude Clerselier). *Paris, Henry Legras*, 1661 ; in-4, veau. 10 fr.

Exemplaire aux armes.

153. Descaves (Lucien). Misères du Sabre. *Paris, Tresse et Stock*, 1887 ; in-12, br., couv.   3 fr.

ÉDITION ORIGINALE.

154. Des Lauriers. Fantaisies de Bruscambille, contenant plusieurs discours, paradoxes, harangues et prologues facecieux. Faits par le sieur des Lauriers. comédien. *Paris, Jean Milot*, 1612 ; in-12, front., mar. rouge, dos orné, fil., tr. dor. (*Rel. anc.*).   100 fr.

ÉDITION ORIGINALE. L'édition sous cette date, au nom de Jean de Bordeaulx, est donnée par Brunet comme la plus ancienne. Ceci est évidemment une erreur du célèbre bibliographe, puisque le privilège est au nom de Jean Millot. Celui-ci le partagea ensuite avec Jean de Bordeaulx, par acte notarié, en y joignant les autres œuvres de Bruscambille. Il résulte de ceci que les titres portant le nom de Millot sont ceux de première émission.

155. Desmarets. Témoignages historiques ou quinze ans de haute police sous Napoléon. *Paris, Levasseur*, 1833 ; in-8, br. 10 fr.

156. Des Periers. (Bonaventure). Le Cymbalum Mundi, précédé des Nouvelles recreations et joyeux devis de Bonaventure des Periers. Nouvelle édition revue et corrigée par P. L. Jacob (Paul Lacroix). *Paris, Ad. Delahays*, 1858 ; pet. in-8, cart., éb. 3 fr.

157. Desrues (François). Antiquitez des Villes de France contenant tout ce qui cest (*sic*) passé de remarquable en iceux. Reveu et augmenté de cartes de provinces. *Rouen, Jacques Cailloue*, 1624 ; pet. in-8, vélin. 40 fr.

On trouve, entre autres, dans cet ouvrage, une description de Paris et des principales villes de France.

158. Dessins. RECUEIL DE SOIXANTE-QUATRE DESSINS ORIGINAUX de Vues et de Monuments anciens, de France et de l'Etranger, exécutés de 1835 à 1845, à la mine de plomb, la plupart rehaussée de lavis, par J. Nash, Chapuy, V. Lefranc et autres ; in-4, cart. 600 fr.

Ces vues, très finement et très artistiquement exécutées et prises directement sur les lieux qu'elles représentent, offrent un intérêt réel pour l'histoire monumentale et archéologique des XIV°, XV° et XVI° siècles.

FRANCE. *Beauvais*. Chœur de l'église S.-Pierre. — *Senlis*. Eglise S.-Pierre ; Portail nord de la cathédrale. — *Orléans*, Côté et façade de la cathédrale. — *Brou*. Intérieur de S.-Nicolas. — *Fontainebleau*, Galerie de François I°° ; Eglise : Cour ovale. — *Blois*. Vue extérieure du château : Cour du palais; Escalier du château. *Bourges*. Façade de la cathédrale et portail du Midi. — *Sauvigny* (Allier). Eglise et Reliquaire de SS. Mayole et Odyle. — Château du Moulin en Sologne (Blésois). — *Compiègne*. Portail occidental de l'église S.-Antoine. — *Chambord*. La Terrasse. — *Beauvais*. S.-Etienne. — *Autun*. Cathédrale. — *Thann* (Alsace). Eglise, façade latérale et abside. — *Paris*. Int. de S.-Julien-le-Pauvre. — *Strasbourg*. Une Rue. — *Tours*. Portail de S.-Symphorien. — *Bonneval* (Eure-et-Loir). Porte S.-Jacques. — Ruines du château de Bonnazel (Aveyron). — *Les Andelys*. — *Gaillon*. Façade du château et Jardin. — *Gisors*. Eglise. — *Louviers*. Portail de l'Eglise. — *Bordeaux*. Tour S.-Michel. ÉTRANGER. *Aix-la-Chapelle*. Cathé-

drale. — *Nuremberg*. Maison du S.-Sacrement à S.-Laurent ; Porche de la Frauenkirch. — *Heidelberg*. Palais des chevaliers. — *Bruxelles*. Anc. porte de Malines. — *Bâle*. Vue. — *Milan*. Intérieur du Dôme. — *Bergame*. Une place. — *Rosette* (Egypte). Environs. — *Thèbes*. Ruines d'un palais. — ESPAGNE. *Cordoue*. Mosquée. — Vue de Pampelune ; vue de Rosas ; vue d'Hostalrich ; chemin d'Urgel à Organa ; Vallée de la Segra: Medias del Rey ; Ripoll (2 vues); Barcelone (Santa-Maria del Mar, Grand autel de la cathédrale, Cloître S.-Paul, Vue prise de l'hôtel de Vista alegro) : Cloître de la cath. de Gerone ; Vue de Palma : Monserrat (2 vues); Place du marché à Valence : Place de l'hôtel-de-ville à Alicante : et Ruines romaines à Mérida.

159. Destouches. Œuvres dramatiques de N. Destouches. Nouvelle édition précédée d'une notice sur la vie et les ouvrages de cet auteur (par Alexandre de Senones). *Paris, Lefèvre*, 1811 ; 6 vol. in-8, veau marbr., dos orné, dent. (*Rel. anc.*) 60 fr.

Bon exemplaire illustré d'un portrait de l'auteur gravé par *Macret* et de très belles figures de *Lafitte*, gravées par *Delvau, Delignon, Villerey, Ribault* et *Langlois*.

160. Deutsches Künstler-Album. Mit Beiträgen lebender Künstler und Dichter. *Dusseldorf, Breidenbach*, 1870-1874 ; 3 vol. in-4, br. (couv.) et cart. toile, tr. dor. 20 fr.

Recueil de poésies et de nouvelles allemandes illustré de belles chromolithographies et de lithographies. Tomes III, VI et VII seuls.

161. Deyeux. Des Aristocrates en général et spécialement. *Paris*, 1838 ; 2 vol. in-8, br. 5 fr.

162. Dictionnaire contenant les Anecdotes historiques de l'Amour, depuis le commencement du monde jusqu'à ce jour (par Mouchet). Seconde édition, revue, corrigée et augmentée par l'auteur. *Troyes, Gobelet*, 1811 ; 5 vol. in-8, demi-rel. bas. 40 fr.

Ouvrage curieux et rare.

163. Dictionnaire des Ennoblissemens, ou recueil des lettres de noblesse depuis leur origine, tiré de la Chambre des comptes et de la Cour des aides. *Paris, au palais Marchand*, 1788 ; 2 vol. in-8, couv. en papier. 35 fr.

Ouvrage très rare. Mouillures.

164. Diderot. La Religieuse. *Pa-*

Et de Livres anciens et modernes

ris, *Buisson, an* V (1797) ; in-8,
veau. 30 fr.

ÉDITION ORIGINALE en 411 pages.

165. Diderot et d'Alembert. Encyclopédie ou dictionnaire raisonné des Sciences, des Arts et des Métiers, par une Société de Gens de lettres, mis en ordre et publié par M. Diderot, et quant à la partie mathémathique par M. d'Alembert. Troisième édition. *Genève et Neufchatel,* 1777-1779 ; 39 vol. in-4, dont 3 de pl., bas. 50 fr.

Très belle série de planches gravées en taille-douce.

166. Diurnale romanum, ad usum fratrum et monialium trium seraphici P. Francisci ordinum, ex decreto sacro-sancti Concilii Tridentini restitutum. *Parisiis, typis Le Mercier,* 1747 ; in-24, mar. rouge, dos orné, dent., tr. dor. (*Rel. anc.*). 20 fr.

167. Du Cange. Glossaire françois faisant suite au Glossarium mediæ et infimæ latinitatis, avec additions de mots anciens; et une notice sur du Cange. *Niort, L. Favre,* 1879 ; 2 vol. in-8, br. 10 fr.

168. Ducis. Œuvres de J.-F. Ducis. *Paris, Nepveu,* 1819-1826 ; 4 vol. in-8, demi-rel. chagr. brun. 20 fr.

Portrait d'après *Gérard* et figures de *Girodet* et de *Desenne.*

169. Duclos. Mémoires secrets sur les règnes de Louis XIV et de Louis XV. *Paris, Buisson,* 1791 ; 2 vol. in-8, demi-rel. mar. brun, *non rognés.* 12 fr.

170. Dufaïl (Noel). Les plus solemnels Arrests et reglemens du Parlement de Bretagne, recueillis par messire Noel Dufail, sieur de la Hérissaye. Revus, corrigez et augmentez par Me Michel Sauvageau. *Nantes, Jac. Mareschal,* 1715-1716 ; 2 vol. in-4, veau. 20 fr.

171. Duguay-Trouin. Mémoires de M. du Guay-Trouin, lieutenant-général des armées navales de France. *S. l.* (*Paris*), 1740 ; in-4, veau. 10 fr.

Portrait et planches en taille-douce, représentant plusieurs batailles navales.

172. Du Guesclin. Anciens mémoires du XIVe siècle, depuis peu découverts : où l'on apprendra les avantures les plus surprenantes et les circonstances les plus curieuses de la vie du fameux Bertrand du Guesclin, connetable de France. Nouvellement traduits par le S. Le Febvre, prévôt et théologal d'Arras. *Douay, Vve Balth. Bellère,* 1692 ; in-4, demi-rel. veau. 50 fr.

Rare.

173. Du Haillan (Bernard de Girard). De l'Estat et succez des affaires de France. Œuvre contenant les choses plus singulières et plus remarquables advenues durant les regnes des Rois de France depuis Pharamond jusques au Roy Loys XI. Ensemble une sommaire histoire des seigneurs, comtes et ducs d'Anjou. *Paris, Pierre l'Huillier,* 1571 ; pet. in-8, vélin à recouv. 40 fr.

Seconde édition de cet ouvrage qui se consulte toujours avec fruit. — A la suite, du même auteur : *De la fortune et vertu de la France,* 1571.
La reliure porte sur ses plats la devise : De Dieu, à Dieu.

174. Duhamel du Monceau. Traité des Arbres et arbustes que l'on cultive en France en pleine terre, par Duhamel. Seconde édition, considérablement augmentée. *Paris, Et. Michel,* 1800-1815 ; 6 vol. in-fol., cart., *non rognés.* 150 fr.

Frontispice, et 428 planches dessinées par *Redouté,* gravées en taille-douce et très finement coloriées.

175. Duhamel, Fourcroy et Gallon. L'Art du Tuilier et du Briquetier. 1763. — Art du Chaufournier. 1766. Ens. 2 parties en un vol. in-fol., cart. 10 fr.

Ces 2 ouvrages, extraits de l'*Encyclopédie,* sont ornés le 1er de 5 pl. et le 2e de 15 pl. en taille-douce.
On a relié à la suite : Règle méthodique, ou la comptabilité du Régisseur. *Paris,* 1787.

176. Dulaure. Histoire physique, civile et morale de Paris, depuis les premiers temps historiques jusqu'à nos jours. *Paris, Guillaume,* 1821-1822 ; 6 vol. in-8, demi-rel. basane. 15 fr.

Nombreuses figures représentant les monuments de Paris, gravés en taille-douce sous la direction de *Couché fils.*

177. Dumas (Alex.). Charles VII chez ses grands vassaux, tragédie en cinq actes. Deuxième édition augmentée d'une préface. *Paris, Charles Bechet*, 1831 ; in-8, br. (couverture conservée). 20 fr.

178. Du Paz (Augustin). Histoire généalogique de plusieurs maisons illustres de Bretagne. Enrichie des armes et blasons d'icelles, de diverses fondations d'abbayes et de prieurez... avec l'histoire chronologique des evesques de tous les diocèses de Bretagne, par Fr. Augustin du Paz. *Paris, Nicolas Buon*, 1620 ; in-fol., mar. rouge, dos orné, fil., tr. dor. (*Rel. anc.*). 200 fr.

Bel exemplaire au chiffre de Peiresc. Rare.

179. Dupré (Émile). Anthologie russe, suivie de poésies originales. *Paris, Trouvé*, 1823 ; in-8, demi-rel. dos et coins de mar. vert. 8 fr.

180. Duval (Georges). Souvenirs thermidoriens. *Paris, Victor Magen*, 1844 ; 2 vol. in-8, br., couv. 6 fr.

181. Entretiens (Les) familiers des Animaux parlans, où sont découverts les plus importans secrets de l'Europe dans la conjoncture de ce temps. *Amsterdam, Herman de Wit*, 1672 ; in-16, mar. rouge, dos orné, fil., tr. dor. (*Rel. anc.*). 40 fr.

Rare et curieux ouvrage avec une « clef pour entendre les entretiens des Animaux parlans ». Les interlocuteurs sont entre-autres le roi de l'aigle (l'Empereur), le roi des renards (d'Espagne), le roi des licornes (de Portugal), le roi des coqs (de France), etc.

182. Eon de Beaumont. Les Loisirs du Chevalier d'Eon de Beaumont, ancien ministre plénipotentaire de France ; sur divers sujets importants d'administration, etc., pendant son séjour en Angleterre. *A Amsterdam*, 1775 ; 13 vol. in-8. — La Vie militaire, politique et privée de demoiselle Charles-Geneviève-Louise-Auguste-Andrée-Thimothée d'Eon de Beaumont, par de la Fortelle. *Paris, Lambert*, 1769 ; in-8, front. Ens. 14 vol. in-8, bas., dos orné (*Rel. anc.*). 25 fr.

183. Epictète. Collection des Moralistes anciens. Manuel d'Epictète traduit par M. N. (Naigeon). *Paris, Didot l'aîné et de Bure l'aîné*,

1782 ; pet. in-12, mar. rouge, dos orné, fil., tr. dor. (*Rel. anc.*). 10 fr.

Bel exemplaire de ce volume, le premier de la collection.

184. Erasmi (Des.). Roterod. Colloquia nunc emendatiora. *Lugd. Batavorum, ex officina Elzeviriana*, 1643 ; pet. in-12, titre gravé, veau gris, dos orné, fil. à froid, tr. dor. 25 fr.

Haut.: 125 mm.

185. Erasme. Éloge de la Folie. Nouvellement traduit du latin par M. de la Veaux. Avec les figures de Jean Holbein gravées d'après les dessins originaux. *Basle, J.-J. Thurneysen*, 1780 ; in-8, veau fauve, dos orné, dent., tr. dor. (*Rel. anc.*). 35 fr.

Bel exemplaire. Figures sur bois.

186. Espagnac (Baron d'). Histoire de Maurice, comte de Saxe, duc de Courlande et de Sémigalle. Nouvelle édition corrigée et considérablement augmentée. *Paris, impr. de Ph. Denys Pierres*, 1775 ; 2 vol. in-4, veau marbr., dos orné, tr. rouge (*Rel. anc.*). 20 fr.

Portrait et nombreux plans de villes, de camps, d'attaques, de sièges, de batailles, etc.

187. États généraux de 1789. Ouverture des États-généraux faite à Versailles le 5 mai 1789. Discours du roi ; discours de M. le Garde des Sceaux ; rapport de M. le directeur général des finances. *Paris, impr. royale*, 1789 ; in-4, dérelié. 4 fr.

188. Eudel (Paul). L'Hôtel Drouot en 1881, 1882, 1883, 1885-86, 1886-87. (1re, 2e, 3e, 6e et 7e années). *Paris, Charpentier*, 1882-1888 ; 5 vol. — Le Truquage. *Paris, Dentu*, 1884. — Collections et collectionneurs. *Paris, Charpentier*, 1885. Ens. 7 vol. in-18, br. 25 fr.

189. Europe (L') esclave, si l'Angleterre ne rompt ses fers. Nouvelle édition. (Par Jean-Paul, comte de Cerdan). *Cologne, Jean l'Ingénu*, 1689 ; pet. in-12 de 72 pp., cart., *non rogné*. 7 fr.

190. Fabre (Ferdinand). Œuvres de Ferdinand Fabre. *Paris, Alphonse*

Lemerre, 1888-1892 ; 4 vol. in-12, br. 40 fr.

L'Abbé Tigrane. — M. Jean. — Barnabé. — Le Chevrier.

L'un des 10 exemplaires sur PAPIER DE CHINE.

191. Fabre d'Églantine. Œuvres mêlées et posthumes de Ph. Fr. Naz. Fabre d'Eglantine. *Paris, Vve Fabre d'Eglantine, an XI* (1803) ; 2 tomes en un vol. in-8, portr., bas., dos orné. 7 fr.

192. Falconet (Étienne). Œuvres d'Étienne Falconet, statuaire, contenant plusieurs écrits relatifs aux Beaux-Arts. *Lausanne*, 1781 ; 6 vol. in-8, veau, dos orné (*Rel. anc.*). 15 fr.

193. Fantin-Desodoards. Histoire philosophique de la Révolution de France, depuis la première Assemblée des Notables jusqu'à la paix de 1801. *Paris, Belin,* 1801 ; 9 vol. in-8, portr., bas. 30 fr.

194. Fétis (Édouard). Galerie du Vte du Bus de Gisignies. Texte descriptif et annotations par Edouard Fétis. *Bruxelles, F.-J. Olivier,* 1878 ; in-4, cart., *non rognés.* 20 fr.

Nombreuses reproductions photographiques.

195. Feuquières (Marq. de). Mémoires de M. le Marquis de Feuquière, lieutenant-général des Armées du roi, contenant ses maximes sur la guerre, et l'application des exemples aux maximes. Nouvelle édition revue et corrigée. *Amsterdam, Fr. l'Honoré,* 1741 ; in-4, bas. 12 fr.

Plans de batailles avec dispositions des troupes des belligérants.

196. Fiévée (J.). Correspondance et relations de J. Fiévée avec Bonaparte, premier Consul et Empereur, pendant onze années (1802 à 1813), publié par l'auteur. *Paris,* 1836 ; 3 vol. in-8, portr., br. 7 fr.

197. Figures de l'Histoire de France, dessinées par M. Moreau le jeune et gravées sous sa direction. Avec un texte explicatif rédigé par M. l'abbé Garnier. *Paris, Ant. Aug. Renouard, s. d.* (vers 1813); in-4, demi-rel. dos et coins de mar. rouge, dos orné, tête dor., éb. 50 fr.

154 jolies figures de *Moreau* gravées par Le Bas, Gureau, Romanet, Langlois, Simonet, Texier, Martini, Longueil, etc.

198. Filhol. Galerie du musée Napoléon. Texte par Joseph Lavallée (et Caraffe). *Paris, Filhol,* 1804-1814 ; 10 vol. — Galerie du musée de France. Texte par Lavallée, et continué par Jal. *Paris, Vve Filhol,* 1828. Ens. 11 vol. gr. in-8, demi-rel. dos et coins de mar. rouge, dos orné (*Rel. anc.*). 300 fr.

Bel ouvrage renfermant 792 figures reproduisant les chefs-d'œuvre du musée Napoléon (aujourd'hui du Louvre).

Le tome XIe est cartonné, non rogné, et ses figures sont avec la lettre grise.

199. Flamand-Grétry. Itinéraire historique, géographique, statistique, pittoresque et biographique de la vallée de Montmorency, à partir de la porte Saint-Denis à Pontoise inclusivement. *Paris,* 1835-1840 ; 2 vol. in-8, br., couv. 15 fr.

Portraits et figures. Ouvrage renfermant la description topographique et historique des communes de La Chapelle, de Montmartre, de Clichy-la-Garenne, de Batignolles-Monceaux, de Clignancourt, de la plaine S.-Denis, de S.-Ouen, d'Aubervilliers, de S.-Denis, etc.

200. Fleureau (Basile). Les Antiquitez de la ville et du duché d'Estampes, avec l'histoire de l'abbaye de Morigny. *Paris, J.-B. Coignard,* 1683 ; in-4, veau. 40 fr.

201. Fleurimont. Médailles du règne de Louis XIV. *Paris, s. d.* (1735) ; in-4, veau. 20 fr.

Frontispice, titre, dédicace et 54 planches gravées en taille-douce.

202. Flore médicale décrite par MM. Chaumeton, Poiret, Chamberet, peinte par Mme E. Panckoucke et par M. J. Turpin. *Paris, impr. de Panckoucke,* 1842-1845 ; 6 vol. pet. in-4, fig. — Iconographie végétale ou organisation des végétaux, illustrée de figures analytiques par P. J. F. Turpin, avec un texte explicatif par M. A. Richard. *Paris, Panckoucke,* 1841 ; pet. in-4, fig. Ens. 7 vol. pet. in-4, demi-rel. bas. rouge, éb. 100 fr.

Le premier ouvrage renferme 350 planches (la 333e étant double) ; le second 57. Ensemble 107 belles planches très finement coloriées à l'aquarelle.

203. Folard. Abrégé des Commentaires de M. de Folard, sur l'histoire de Polybe. Par M*** (de Chabot), mestre de camp de cavalerie. *Paris*, 1754; 3 vol. in-4, veau. 35 fr.

111 belles planches en taille-douce.

On y a joint : *Mémoires militaires sur les Grecs et les Romains pour servir de suite à l'histoire de Polybe, du chevalier Folard.* Paris, 1760 ; 2 tomes en 1 vol., veau.

204. **Foy** (Général). Histoire de la guerre de la Péninsule sous Napoléon, précédée d'un tableau politique et militaire. *Paris, Baudouin*, 1827 ; 4 vol. in-8, br. 15 fr.

205. **Frain** (Sébastien). Arrêts du Parlement de Bretagne, pris des Mémoires et plaidoyers de feu Me Sebast. Frain, ancien avocat. Troisième et dernière édition revue, corrigée et augmentée de nouvelles annotations par Me Pierre Hevin. *Rennes, P. Garnier*, 1684 ; 2 vol. in-4, veau. 20 fr.

206. **Fréminville** (chevalier de). Histoire de Bertrand du Guesclin. *Brest, Proux*, 1841; in-8, fig., br. 3 fr.

207. **Fualdès** (Procès). Histoire complète du procès instruit devant la Cour d'assises de l'Aveyron, relatif à l'assassinat du sr. Fualdès. Troisième édition. *Paris, Emery*, 1817 ; in-8, br. 7 fr.

Relation du premier procès de cette affaire célèbre, ornée des portraits de Mme Manson, de Jansion, de Bastide-Grammont et de Me Romiguières, avocat. — Légères mouillures.

208. **Fualdès** (Procès). Histoire et procès complet des assassins de M. Fualdès, par le sténographe parisien (Tabaud de Latouche et L'Héritier, de l'Ain). Procédure d'Albi, contenant les interrogatoires secrets de plusieurs des accusés ; les divers incidents, les débats de la Cour, etc. *Paris, Pillet*, 1818 ; 2 vol. in-8, br., couv. 10 fr.

Plan de la ville et des environs de Rodez, vue de la Cour d'assises du Tarn, avec les accusés, les défenseurs et autres personnes mêlées à l'affaire, vue de la maison Bancal, de la prison ; portraits des enfants Bancal à l'hospice de Rodez, de Mme Mansion et fac-similé de son écriture.

Cette relation du second procès des assassins de Fualdès, occasionna à ses auteurs diverses persécutions de la part des fanatiques de cette époque.

Rare.

209. **Funérailles** de Guillaume-Charles-Henri-Friso, prince d'Orange et de Nassau, célébrées le 4 février 1752. Dessiné par P. van Cuyck junior et gravé sur cuivre par J. Punt. *La Haye*, 1755; in-fol., cart., *non rogné*. 75 fr.

Cet ouvrage, dont le titre ci-dessus est en hollandais, a été rédigé dans cette langue avec traduction française en regard. Il est illustré de 41 planches dont la composition rappelle à la fois Meissonier et Gavarni (dit Vinet dans sa bibliographie des Beaux-Arts, n° 646) par la bonhomie de certains personnages et le comique sérieux des autres.

Bel exemplaire.

210. **Gaillard** (Le Père). Oraison funèbre de Mgr. François de Harlay, archevesque de Paris, prononcée dans l'église de Paris, le 23 jour de Novembre 1695. *Paris, Th. Muguet*, 1696 ; in-4, couv. en papier. 8 fr.

211. **Gaimard** (Paul). Voyages de la commission scientifique du Nord en Scandinavie, en Laponie, au Spitzberg et aux Feroë pendant les années 1838, 1839 et 1840 sur la corvette La Recherche, commandée par M. Fabvre, lieutenant de vaisseau, publiés par ordre du roi. *Paris, Arthus Bertrand*, 1842 ; 4 vol. in-8 de texte, demi-rel. veau et 2 vol. in-fol. de planches, demi-rel. dos et coins de chagr. vert, tête dor., *non rognés*. 300 fr.

Très bel exemplaire en GRAND PAPIER. contenant 310 planches tirées sur papier de Chine, publié au prix de 2000 fr.

212. **Galerie de Dresde**. Recueil d'estampes d'après les plus célèbres tableaux de la galerie royale de Dresde. *Dresde*, 1753-1757-1874 ; 3 vol. gr. in-fol., demi-rel. veau. 400 fr.

Tome I. Portrait d'Auguste III, roi de Pologne, et 50 planches.

Tome II. Portrait de Marie-Josèphe, reine de Pologne, et 50 planches.

Tome III. Portrait de Frédéric-Auguste, électeur de Saxe, et 50 planches.

213. **Galerie de Dresde**. Die Meisterwerke des Dresdner Galerie in Kupfer gestochen von Jul. Ernst, Th. Langer, G. Planer, J.-L. Raab, A. Schultheiss und anderen. Mit erlauterndem Text von Carl Clauss. *Dresden. Ernest Arnold, s. d.* ; gr. in-4, cart. toile, tr. dor. 35 fr.

36 planches gravées au burin et à l'eau-forte.

214. **Garde Royale** (La) pendant les événements du 26 juillet au 5

août 1830, par un officier employé à l'état-major (Hippolyte Poncet de Bermond). *Paris, Dentu*, 1830 ; in-8, br.   3 fr.

215. Gaudin. Supplément aux Mémoires et souvenirs de M. Gaudin, duc de Gaëte, ministre des finances de l'Empire. *Paris, impr. de Gœthschy*, 1834 ; in-8, br., couv. 12 fr.

> Très rare.

216. Gavarni. Œuvres choisies de Gavarni. 520 dessins avec leurs légendes. *Paris, Bureau du Figaro*, 1864 ; in-fol., br., couv.   15 fr.

> Edition spéciale, comprenant les Enfants terribles, Traduction en langue vulgaire, les Lorettes, les Actrices, Fourberies des Femmes, Clichy, Paris le soir, le Carnaval à Paris, Paris le matin, les Etudiants de Paris, la Vie de Jeune Homme, les Débardeurs, les Gens de Paris.

217. Généalogie. Fragments généalogiques manuscrits. Pet. in-fol., demi-rel. chagr. rouge.   40 fr.

> Intéressant recueil de 70 ff. ms. exécuté au XVIII⁰ siècle et renfermant la généalogie de nombreuses familles qu'il est impossible d'énumérer ici.
> Relevons entre autres les noms de *Chatillon, Noyelles, Melun, Calonne, Lalaing, La Croix, Coupigny, Henin, Egmont, Viefville, Nédonchel*, etc. — La plupart des feuillets du début sont tous ornementés par les armoiries d'alliances des familles, malheureusement un grand nombre a été maculé.

218. Giron (Aimé). Les Cinq sous d'Isaac Laquedem, le Juif errant. Texte par Aimé Giron, illustré par Henri Pille de nombreux dessins dans le texte et de huit aquarelles tirées en couleur par Ch. Gillot. *Paris, Firmin-Didot*, 1883 ; pet. in-4, en ff. dans un carton. 10 fr.

219. Godeau (Antoine). Paraphrase des Pseaumes de David en vers françois. Seconde édition, revuë et corrigée. *Paris, Vve Jean Camusat et Pierre le Petit*, 1649 ; in-12, front., mar. rouge, dos orné, fil. à la Duseuil, tr. dor. (*Rel. anc.*).35 fr.

> Exemplaire réglé.

220. Gœthe. Faust, tragédie de M. de Gœthe, traduite en français par M. Albert Stapfer, ornée d'un portrait de l'auteur et de dix-sept dessins composés d'après les principales scènes de l'ouvrage, et exécutés sur pierre par M. Eugène

Delacroix. *Paris, Ch. Motte*,1828 ; in-fol., pl., demi-rel. veau, tr. marbr.   100 fr.

> PREMIER TIRAGE des estampes lithographiées de *Delacroix*.
> Exemplaire de JULES JANIN, avec 3 lignes autographes écrites sur la première garde du volume.

221. Gœthe. Le Renard (Reineke Fuch), traduits par Edouard Grenier, illustré par Kaulbach. *Paris, J. Hetzel, Michel Lévy* (1861); in-4, br., couv.   15 fr.

222. Gœthe. Werther. Traduit par Sevelinges.*Paris, Demonville*,1804; — Mémoires, traduits par Aubert de Vitry. *Paris*, 1823 ; 2 vol., portr. — Œuvres dramatiques, traduites de l'allemand (par Stapfer, Cavagnac et Margueré). *Paris*, 1825 ; 4 vol. Ens. 7 vol. in-8, cart., *non rognés.*   20 fr.

223. Gœthe. Les Souffrances du Jeune Werther, par Gœthe, traduites par le comte H. de la B... (Henri de la Bédoyère). Seconde édition. *Paris, Imprimerie de Crapelet*, 1845 ; in-8, br., couv. 15 fr.

> PAPIER VERGÉ DE HOLLANDE, 4 figures de *Tony Johannot*, gravées sur acier par *Burdet.*

224. Golnitz (Abraham). Ulysses Belgico-Gallicus fidus tibi dux et Achates, per Belgium hispan. regnum Galliæ, ducat Sabaudiæ, Turinum usque Pedemontii metropolin. *Lugduni Batav., ex off. Elzeviriana*, 1631; pet. in-12, titre gravé, veau fauve, fil. (*Rel. anc.*). 7 fr.

> Haut. 127 mm.

225. Gombauld. Les Epigrammes de Gombauld, divisées en trois livres. *Jouxte la coppie imprimée à Paris, chez Augustin Courbé*, 1657 ; in-12, mar. rouge, dos orné, fil., tr. dor. (*Capé*).   25 fr.

> Édition parue la même année que l'originale. Bel exemplaire.

226. Gombauld. Les Pœsies de Gombauld. *Paris, Aug. Courbé*, 1646 ; in-4, veau fauve, dos orné, fil., tr. dor.   60 fr.

> Sonnets, stances, épigrammes, élégies. Bel exemplaire aux armes du marquis de VILLENEUVE-TRANS.

227. Gonet (Gabriel de). Tableau de la littérature frivole en France depuis le XIᵉ siècle jusqu'à nos jours, ou Musée des chansons et des poésies légères, recueillies et annotées par Gabriel de Gonet. *Paris, Marpon et Flammarion, s. d.;* pet. in-fol., *en feuilles.*   8 fr.

Nombreuses eaux-fortes par *Portier fils.*

228. **Gori** (Ant.-Fr.). Museum Florentinum, exhibens insigniora vetustatis monumenta quæ Florentiæ sunt in Thesauro Mediceo. *Florentiæ, ex typis Mich. Nesteni,* 1731-1766 ; 12 vol. in-fol., fig., cart., *non rognés.*   300 fr.

Bel exemplaire contenant : Pierres gravées. 2 vol.; Statues, 1 vol.; Médailles, 3 vol. ; Portraits de peintres, 6 vol.

229. **Gourdon de Genouillac** et **de Piolenc.** Nobiliaire du département des Bouches-du-Rhône. *Paris, Dentu,* 1863 ; in-8, br.   6 fr.

230. **Gouriet** (J.-B.). Personnages célèbres dans les Rues de Paris, depuis une haute antiquité jusqu'à nos jours. *Paris, Lerouge,* 1811 ; 2 vol. in-8, demi-rel. bas., *non rognés.*   15 fr.

Ouvrage renfermant de curieux détails sur un grand nombre de types populaires.

231. **Grande Ville** (La). Nouveau tableau de Paris, comique, critique et philosophique, par Ch. Paul de Kock, Balzac, A. Dumas, F. Soulié, Briffault, etc. Illustrations de Gavarni, Adam, Daumier, d'Aubigny, Emy, etc. *Paris, Marescq,* 1844; 2 vol. in-8, *en feuilles.* 45 fr.

2 frontispices et 29 figures gravées sur bois. — Légers raccommodages à quelques feuillets.

232. **Grandville** et **Méry.** Les Etoiles, dernière féerie par J.-J. Grandville, texte par Méry. Astronomie des Dames par le C*ᵉ* Fœlix. *Paris, G. de Gonet, s. d.* (1849) ; gr. in-8, demi-rel. chagr. noir. 12 fr.

15 planches gravées sur acier et coloriées.

233. **Granier de Cassagnac** (Adolphe). Histoire des classes ouvrières et des classes bourgeoises. *Paris, Aug. Desrez,* 1838 ; in-8, br.   5 fr.

234. **Guédy** (Théodore). Nouveau Dictionnaire des Peintres anciens et contemporains. *Paris, impr. Deplanche,* 1882 ; in-8, br.   4 fr.

235. **Guérin** (Paul). Les Petits Bollandistes. Vies des Saints de l'ancien et du nouveau Testament, des Martyrs, des Pères, des Auteurs sacrés et ecclésiastiques, etc., d'après le P. Giry, les grands Bollandistes qui ont été de nouveau intégralement analysés. Septième édition, revue, corrigée et augmentée. *Bar-le-Duc,* 1876 ; 17 vol. gr. in-8, br.   50 fr.

236. **Guibert.** Essai général de Tactique, précédé d'un discours sur l'état actuel de la politique et de la science militaire en Europe. *Londres, chez les libraires associés,* 1773 ; 2 tomes en un vol. in-4, bas.   10 fr.

Planches démonstratives en taille-douce.

237. **Gudin** (T.). Fragmens. Naples et Venise. *Paris, Laisné,* 1836 ; in-8, fig., br., couv.   7 fr.

238. **Guillaume,** clerc de Normandie. Le Bestiaire divin de Guillaume, clerc de Normandie, trouvère du XIIᵉ siècle, publié avec une introduction par M. C. Hippeau. *Caen, Hardel,* 1852 ; in-8, demi-rel. dos et coins de mar. rouge, tête dor., *non rogné.*   8 fr.

Envoi d'auteur.

239. **Guillemot** (J.). Lettre à mes neveux sur la Chouannerie. *Nantes, impr. Félix Masseaux,* 1859 ; in-8, br.   6 fr.

240. **Guizot.** Méditations sur l'essence de la Religion chrétienne. *Paris, Lévy,* 1864 ; in-8, br. 3 fr.

241. **Gyp** (Comtesse de Martel). Une Election à Tigre-sur-Mer, racontée par Bob. (*Paris,* 1889); in-4 oblong, cart. toile.   8 fr.

242. **Hallam** (Henri). Histoire de la littérature de l'Europe pendant les quinzième, seizième et dix-septième siècles. *Paris, Baudry,* 1839-1840; 4 vol. in-8, br.   12 fr.

243. **Hamilton.** Œuvres. *Paris, Renouard,* 1812 ; 3 vol. in-8, veau grenat, dos orné, dent. (*Thouvenin*).   50 fr.

Figures de *Moreau le jeune.* A la suite du 3ᵉ volume se trouve : Suite des quatre Facardins et de Zeneyde, terminés par M. de Lévis.

Et de Livres anciens et modernes

244. **Hatin** (Eugène). Bibliographie historique et critique de la Presse périodique française. *Paris, Firmin-Didot*, 1866 ; in-8, portr., br. 4 fr.

> Catalogue systématique et raisonné de tous les écrits périodiques de quelque valeur publiés ou ayant circulé en France depuis l'origine du journal jusqu'à nos jours.

245. **Hauteroche** (Boussard d'). La Vie militaire en Italie sous le Ier Empire (1806-1809). Souvenirs, publiés d'après le manuscrit original par sa fille. *Saint-Etienne, Théolier*, 1894 ; in-8, br. 20 fr.

> PAPIER VERGÉ, tiré à 75 exemplaires.

246. **Hénault** (Le président). Pièces de Théâtre en vers et en prose. *(Paris)*, 1770 ; in-8, veau granit, dos orné à la grotesque, dent., tr. dor. 25 fr.

> Sous ce titre collectif se trouvent réunis: Cornélie, tragédie ; François II ; la Petite Maison, comédie ; le Jaloux de lui-même, comédie ; le Réveil d'Epiménide, comédie, et le Temple des Chimères, divertissement lyrique.
>
> Charmants en-têtes d'*Eisen*, de *Cochin* et de *de Sève*, gravés par *de Longueil, Legrand* et *Duflos*.

247. **Henri IV.** Recueil des Lettres missives de Henri IV, publié par M. Berger de Xivrey. *Paris, impr. royale*, 1843-1876 ; 9 vol. in-4, cart., *non rognés*. 40 fr.

> Les 3 premiers vol. sont en demi-rel. veau fauve.

248. **Hepworth Dixon.** La Nouvelle Amérique, traduction de l'Anglais par Philarète Chasles. *Paris*, 1869 ; in-8, br. 4 fr.

249. **Hergenrœther** (Cardinal). Histoire de l'Eglise, par S. E. le Cardinal Hergenrœther. Traduction de l'abbé P. Bélet. *Paris, Palmé*, 1880-1892 ; 7 vol. in-8, br. 25 fr.

> Le 8e volume est indiqué comme étant sous presse.
>
> De la Collection de la « Bibliothèque théologique du XIXe siècle ».

250. **Hervieux de Chanteloup.** Nouveau Traité des Serins de Canarie, contenant la manière de les élever et les appareiller pour en avoir de belles races. *Paris, J. Saugrain*, 1745 ; in-12, veau. 5 fr.

251. **Hevin** (Pierre). Consultations et observations sur la coûtume de Bretagne par feu M. Pierre Hevin. *Rennes, Guill. Vatar*, 1734 ; in-4, bas. 20 fr.

252. **Histoire** de Camouflet, souverain potentat de l'empire d'Equivopolis. *Equivopolis*, 1751 ; in-8, br. 4 fr.

253. **Histoire** de Dauphiné et des princes qui ont porté le nom de Dauphins, particulièrement de ceux de la troisième race, descendus des barons de la Tour-du-Pin, sous le dernier desquels a été fait le transport de leurs états à la couronne de France. (Par J.-P. Moret de Bourchenu, marquis de Valbonnais). *Genève, Fabri et Barillot*, 1722 ; 2 vol. in-fol., veau granit, dos orné (*Rel. anc.*). 75 fr.

> Ouvrage rare.

254. **Histoire** de Gustave-Adolphe, roi de Suède. Composée sur tout ce qui a paru de plus curieux, par M. D. M*** (de Mauvillon). *Amsterdam, Chatelain*, 1764 ; in-4, pl., veau. 7 fr.

255. **Histoire** du donjon et du château de Vincennes depuis leur origine jusqu'à l'époque de la Révolution ; contenant des particularités intéressantes sur les princes, les rois, les ministres et autres personnages célèbres qui ont habité Vincennes, par L. B. (Alphonse de Beauchamp). *Paris, Brunot-Labbé*, 1807 ; 3 vol. in-8, fig., demi-rel. bas. 10 fr.

256. **Holbein.** Œuvre de Jean Holbein, ou recueil de gravures d'après ses plus beaux ouvrages accompagnés d'explications historiques et critiques, et de la vie de ce fameux peintre par Chrétien de Mechel. *A Basle, chez l'auteur*, 1780; pet. in-fol., cart., *non rogné.* 80 fr.

> 1re partie. Le *Triomphe de la Mort.* 47 fig.; Le *Triomphe de la pauvreté et de la richesse.* 2 pl. — 2e partie. La *passion de Notre-Seigneur*, titre et 12 pl.

257. **Houel** (Jean). Voyage pittoresque des isles de Sicile, de Malte et de Lipari, où l'on traite des antiquités qui s'y trouvent encore ; des principaux phénomènes que la nature y offre ; du costume des habitans et de quelques usages. *Paris, impr. de Monsieur*, 1782-1789 ; 4

vol. gr. in-fol., demi-rel. dos et coins de veau fauve, *n. rognés*. 150 fr.

264 planches composées et gravées à la manière du lavis et tirées en bistre, par *Jean Houel*, auteur de l'ouvrage.

258. **Hourst** (Lieutenant). La Mission Hourst. *Paris, Plon*, 1898 ; in-8, fig. et carte, br. 4 fr.

259. **Hozier** (d'). Armorial général de la France. *Paris*, 1738-1752 ; registres 1 à 4; 7 vol. in-fol., veau. 200 fr.

Bel exemplaire. Nombreux blasons.

260. **Huart** (Louis). Le Comic almanack. Keepsake comique pour 1843, orné de 12 gravures à l'eau-forte sur acier par Trimolet, et d'un grand nombre de dessins comiques dans le texte par Ch. Vernier. *Paris, Aubert*, 1842; pet. in-8, br. 8 fr.

261. **Hubert-Valleroux**. La Charité avant et depuis 1789 dans les campagnes de France. *Paris, Guillaumin*, 1890 ; in-8, br. 4 fr.

262. **Hugo** (Victor). L'Année terrible. Illustrations de Léopold Flameng. *Paris, Michel Lévy*, 1873 ; in-8, br. (couv. ill.). 12 fr.

263. **Hugo** (Victor). Les Feuilles d'Automne, par Victor Hugo. *Paris, Eugène Renduel*, 1832; in-8, demi-rel. mar. rouge, *non rogné*. 40 fr.

ÉDITION ORIGINALE, avec frontispice de *Tony Johannot*, gravé sur bois par *Porret*.

264. **Hugo** (Victor). Les Misérables. *Paris, Pagnerre*, 1862 ; 10 vol. in-8, br. 35 fr.

Rare exemplaire de l'ÉDITION ORIGINALE, sur PAPIER VERGÉ TEINTÉ vert clair. Ces exemplaires n'ont jamais été mis en vente par l'éditeur.

265. **Hugo** (Victor). Napoléon le Petit. *Paris, Eug. Hugues*, 1879 ; pet. in-4, br., couv. 5 fr.

Édition illustrée par *J.-P. Laurens, E. Bayard, E. Morin, D. Vierge, Lix, Chifflart, Garcia, Scott, Brun et G. Bellenger*. PREMIER TIRAGE.

266. **Hugo** (Victor). Les Orientales. *Paris, Ch. Gosselin*, 1829; in-8, demi-rel. bas., éb., *non rogné*. 100 fr.

ÉDITION ORIGINALE. Frontispice sur Chine.

267. **Hume** (David). Histoire d'Angleterre. *Amsterdam (Paris)*, 1760-1765 ; 7 vol. in-4, veau fauve, fil., tr. dor. (*Rel. anc.*). 40 fr.

Maison de Plantagenet, 2 vol., et Maison de Tudor. 2 vol. Traduction de Mme Belot. — Maison de Stuart (trad. de l'abbé Prévost). 3 vol. Bel exemplaire en GRAND PAPIER.

268. **Iconographie** des Estampes à sujets galants et des portraits de femmes célèbres par leur beauté, indiquant les sujets, les peintres, les graveurs de ces estampes, leur valeur, etc., par M. le C. d'I***. *Genève, Gay et fils*, 1868 ; in-8, br. 25 fr.

269. **Jacobinéïde** (La), poème heroï-comi-civique (par François Marchant). *Paris, au bureau des Sabats jacobites*, 1792; in-8, cart., *non rogné*. 25 fr.

12 figures satiriques très curieuses.

270. **Jager** (Abbé). Histoire de l'église de France pendant la Révolution. *Paris, Didot*, 1852 ; 3 vol. in-8, br. 6 fr.

271. **Jorissen** (Théod.). Napoléon Ier et le roi de Hollande. 1806-1813. D'après des documents authentiques et inédits. *La Haye, Martinus Nijhoff*, 1868 ; in-8, br. 3 fr.

272. **Journal** des audiences et arrests du Parlement de Bretagne rendus sur les questions les plus importantes de droit civil, de coutume, de matières criminelles, bénificiales et de droit public. *Rennes, Guill. Vatar*, 1737 ; 2 vol. in-4, veau. 20 fr.

273. **Julien** (Stanislas). Résumé des principaux traités chinois sur la Culture des Muriers et l'éducation des vers à soie, traduit par Stanislas Julien. *Paris, impr. royale*, 1837 ; in-8, pl., veau brun, dos orné, dent., milieux à froid, *non rogné*. 15 fr.

274. **Jurisprudentia heroica** sive de jure belgarum circa nobilitatem et insignia demonstrato in commentario ad edictum seren. Belgii principum Alberti et Isabellæ. (Auctore P. Christinæo). *Bruxellis, Balt. Vivien*, 1668 ; in-fol., veau. 25 fr.

PREMIÈRE ÉDITION de cet ouvrage fort rare et fort recherché, illustré d'un très grand nombre d'armoiries et de 16 tableaux généalogiques (les 2 derniers manquent) finement, gravés sur cuivre.

275. **Juvénal**. Satires de Juvénal, traduites par J. Dusaulx. Deuxième édition augmentée de notes par N. L. Achaintre. *Paris, Dalibon,* 1826 ; 2 vol. in-8, br.　　15 fr.

GRAND PAPIER VÉLIN.

276. **Karamsin**. Histoire de l'Empire de Russie ; traduite par MM. S.-Thomas, Jauffret et Divoff. *Paris, impr. A. Belin,* 1819-1826 ; 11 vol. in-8, demi-rel.　　30 fr.

La meilleure histoire de Russie. Elle s'arrête à l'année 1606.

277. **Keate** (George). Relation des îles Pelew, situées dans la partie occidentale de l'Océan pacifique, composée sur les journaux et les communications du capitaine Henri Wilson et de quelques-uns de ses officiers qui, en août 1783 y ont fait naufrage. Traduit de l'anglais de George Keate. *Paris, Le Jay,* 1788 ; in-4, demi-rel. bas.　　12 fr.

Portrait et planches en taille-douce gravés par *Tardieu*.

278. **Labé** (Louise). Euvres de Louise Labé, lionnoise, surnommée la belle Cordière. *Brest, impr. de Michel,* 1815 ; in-8, cart., *non rogné.*　　10 fr.

279. **La Bigotière** (René de). Institution au droit françois par rapport à la Coutume de Bretagne avec une dissertation sur le devoir des juges. *Rennes, Pierre Garnier,* 1614 ; in-4, veau.　　12 fr.

280. **Laborde** (Léon de). Glossaire français du moyen âge à l'usage de l'archéologue et de l'amateur des arts. *Paris, Labitte,* 1872 ; in-8, br., couv.　　8 fr.

281. **La Chenaye** (B. de). Abécédaire de Flore ou langage des fleurs. Méthode nouvelle de figurer avec des fleurs, des lettres, des syllabes et des mots. *Paris, impr. de P. Didot l'aîné,* 1811 ; in-8, cart., *non rogné.*　　10 fr.

4 planches en noir et 8 planches finement coloriées.

282. **Lacombe** (Paul). Essai d'une Bibliographie des ouvrages relatifs à l'histoire religieuse de Paris pendant la Révolution (1789-1802), par Paul Lacombe, parisien. *Paris, Poussielgue,* 1884 ; in-8, br. 3 fr.

Tirage à part à 100 exemplaires sur PAPIER DE HOLLANDE, extrait du Bulletin d'histoire et d'archéologie.

283. **Lacroix** (Pamphile de). Mémoires pour servir à l'histoire de la Révolution de Saint-Domingue. *Paris, Pillet,* 1819 ; 2 vol. in-8, br.　　6 fr.

Plan et carte.

284. **Lafont d'Aussonne**. Histoire de Mme de Maintenon, fondatrice de Saint-Cyr. *Paris, Demonville,* 1814 ; 2 vol. in-8, port., br. 8 fr.

285. **La Fontaine**. Les Amours de Psyché et de Cupidon, avec le poème d'Adonis, par La Fontaine. Édition ornée de figures par Moreau le jeune et gravées sous sa direction. *Paris, Saugrain,* 1797 ; 2 vol. in-12, cart., *non rognés.* 30 fr.

Édition imprimée par Didot, ornée d'un portrait de l'auteur gravé par *Delvaux* et de 8 jolies figures de *Moreau*, gravées par *Delvaux*.

286. **La Fontaine**. Les Amours de Psyché et de Cupidon, précédés du poème d'Adonis. *Paris, J. J. Coiny,* s. d., 2 vol. in-12, cart., *non rognés.*　　30 fr.

PAPIER VÉLIN. Charmantes figures AVANT LA LETTRE d'après *Raphaël*, gravées par *Coiny*.

287. **La Fontaine**. Contes et nouvelles en vers par Jean de La Fontaine. *S. l. (Paris),* 1777 ; 2 vol. in-8, veau, dos orné. dent., tr. marbr. *(Lesné).*　　120 fr.

Édition faite à l'imitation de celle des Fermiers généraux: elle est illustrée de 2 frontispices de *Vidal*, de 2 fleurons de titre, du portrait de La Fontaine gravé par *Macret*, de 43 culs-de-lampe et de 80 figures d'après celles d'*Eisen*.
Bel exemplaire.

288. **La Fontaine**. Suite de 90 entêtes par Duplessi-Bertaux, pour illustrer les Contes de La Fontaine ; in-16, demi-rel. chagr. violet. 30 fr.

Épreuves sur PEAU DE VÉLIN.

289. **La Fontaine**. Œuvres complètes de La Fontaine, précédées d'une nouvelle notice sur sa vie. *Paris, Lefèvre (impr. de P. Didot),*

Achat de Bibliothèques

1818 ; 6 vol. in-8, demi-rel. mar. brun, tête dor., *non rognés*. 50 fr.

Portrait d'après *Rigaud*, et figures de *Moreau le jeune*, gravées par *de Ghendt, Delignon, Trière, Villerey, Pigeot*, etc.

290. La Fontaine. Œuvres de J. de La Fontaine, d'après les textes originaux, suivies d'une notice sur sa vie et ses ouvrages, d'une étude bibliographique, de notes, de variantes et d'un glossaire par Alphonse Pauly. *Paris, Alphonse Lemerre*, 1875-1891 ; 7 vol. in-8, portr., br., couv.   90 fr.

Fables, 2 vol. — Contes, Psyché, Lettres, 2 vol. — Théâtre, Poésies diverses, 2 vol. — Notice, Bibliographie, Notes et Variantes, Lexique, 1 vol.

L'un des 25 exemplaires sur PAPIER DE CHINE, avec le double portrait de La Fontaine tiré avant la lettre, en noir et en sanguine.

291. La Garde (Henry de). Le duc de Rohan et les protestants sous Louis XIII. *Paris, Plon Nourrit*, 1884 ; in-8, br.   4 fr.

292. La Gournerie (Eug. de). Les Débris de Quiberon. Souvenirs du désastre de 1795, suivis de la liste des victimes rectifiée d'après les documents de la collection Hersart du Buron. *Nantes*, 1875 ; in-8, br.   4 fr.

293. La Grange-Chancel. Les Philippiques, odes, avec des notes historiques, critiques et littéraires. *Paris*, 1795 ; in-12, mar. rouge, fil., tr. dor. (*Bozérian*).   10 fr.

294. Lainé. Archives généalogiques et historiques de la noblesse de France, ou recueil de preuves, mémoires et notices généalogiques servant à constater l'origine, la filiation, les alliances et les illustrations religieuses, civiles et militaires de diverses maisons et familles nobles du royaume. *Paris*, 1828-1839 ; 6 vol. in-8, br. 70 fr.

Armoiries gravées.

295. Lainé. Dictionnaire véridique des origines des maisons nobles ou anoblies du royaume de France, contenant aussi les vrais ducs, marquis, comtes, vicomtes et barons. *Paris*, 1818-1819 ; 2 vol. in-8, br.   25 fr.

296. Lallier (J.-A.). De la Propriété des noms et des titres. Origine.

Procédure des changements de noms, etc. *Paris, Giard*, 1890 ; in-8, br.   5 fr.

297. Lamb (Charles). Le Mémorial de W. Shakspere. Contes shaksperiens par Charles Lamb, traduits par M. Alphonse Borghers. *Paris, Baudry*, 1842 ; in-8, br., couv. ill. 12 fr.

Jolies gravures sur acier.

298. Lambertini (Vittorio). Trattato di Scherma teorico-pratico illustrato della moderna scuola italiana di spada e sciabola. *Bologna*, 1870 ; in-8, br.   10 fr.

Frontispice avec les portraits des 3 Lambertini et 29 lithographies.

Notice bibliographique sur les auteurs italiens anciens et modernes qui ont écrit sur l'Escrime.

299. Landon. Annales du Musée et de l'Ecole moderne des Beaux-Arts. Recueil de gravures au trait d'après les principaux ouvrages de peinture, de sculpture ou projets d'architecture qui chaque année ont remporté le prix, les morceaux les plus estimés de la galerie de peinture, etc., rédigé par le C. Landon. *Paris*, 1801-1809 ; 17 vol. in-8, fig. — Annales du Musée. Paysages et tableaux de genre. *Paris*. 1805-1808 ; 4 vol. in-8, fig. — Annales du Musée. Seconde collection contenant un choix des tableaux, statues, etc., conquis par les armées françaises en 1805 et 1806 (y compris les galeries Giustiniani et Massias). *Paris*, 1810-1821 ; 6 vol. in-8, fig. — Annales du Musée. Salons de 1808, 1812, 1814, 1817, 1819, 1822 et 1824. *Paris*, 1808-1824 ; 12 vol. in-8, fig. Ens. 39 vol. in-8, cart., *non rognés*.   75 fr.

Bel ouvrage illustré d'un très grand nombre de figures gravées au trait.

300. La Place. Collection de Romans et Contes imités de l'anglois, corrigés et revus de nouveau par M. de la Place. *Paris, Cussac*, 1788 ; 8 vol. in-8, veau granit, dos orné, fil. (*Rel. anc.*)   60 fr.

Bel exemplaire orné de 16 jolies figures de *Borel*, gravées par *Biosse, Borgnet, Dambrun, Delignon, Giraud, Le Roy, Hubert, Marchand, Petit* et *Viguet*.

301. La Rochefoucauld. Œuvres de La Rochefoucauld. Nouvelle édition, revue sur les plus anciennes impressions et les autographes et augmentée de morceaux inédits, de variantes, de notices, par M. D. L. Gilbert. *Paris, Hachette*, 1868-1883; 3 vol. in-8 et 1 album gr. in-8, brochés, couv.   **45 fr.**

De la collection des Grands Écrivains de la France.

L'un des 150 exemplaires sur GRAND PAPIER VÉLIN.

302. La Roque (Gilles-André de). Traité de la Noblesse, de ses différentes espèces, de son origine, du gentilhomme de nom et d'armes, des bannerets, des bacheliers, des écuyers et de leurs différences. *Paris, Est. Michallet*, 1678 ; in-4, veau (*Rel. anc.*).   **10 fr.**

Bon exemplaire de cet ouvrage réputé.

303. Le Baud (Pierre). Histoire de Bretagne, avec les chroniques des maisons de Vitré et de Laval ; ensemble quelques autres traictez servans à la même histoire. Le tout nouvellement mis en lumière par le sieur d'Hozier. *Paris, Gervais Alliot*, 1638 ; in-fol., veau, dos orné (*Rel. anc.*).   **100 fr.**

Bon exemplaire.

304. Leber (C.). Des Cérémonies du Sacre, ou recherches historiques et critiques sur les mœurs, les coutumes, les institutions et le droit public des français dans l'ancienne monarchie. *Paris, Baudouin*, 1825; in-8, br. (couv. ill.).   **25 fr.**

48 planches en taille-douce donnant les costumes du roi et des grands dignitaires de la couronne, et des Vues de l'intérieur de la cathédrale de Reims pendant la cérémonie du Couronnement.

305. Leblan. Dessins d'architecture. *Paris, Monrocq, s. d.;* in-fol. *en feuilles* dans un carton.   **8 fr.**

100 planches : Écoles, Églises, Marchés, etc.

306. Le Bouvier (Gilles). Armorial de France, Angleterre, Ecosse, Allemagne, Italie et autres puissances composé vers 1450. Texte complet publié par Vallet (de Viriville). *Paris, Bachelin-Deflorenne*, 1866; in-8, br.   **6 fr.**

Planche d'armoiries. Déchirure à un feuillet.

307. Lebreton (Théodore). Biographie normande. Recueil de notices biographiques et bibliographique sur les personnages célèbres nés en Normandie et sur ceux qui se sont seulement distingués par leurs actions ou par leurs écrits. *Rouen, A. Le Brument*, 1857-1861 ; 3 vol. in-8, demi-rel. chagr. brun, tête dor., *non rognés.*   **40 fr.**

Bel exemplaire d'un ouvrage sur PAPIER VERGÉ qui ne fut tiré qu'à 150 exemplaires.

Envois autographes de l'auteur et de l'éditeur à Edouard Frère.

308. Le Deist de Botidoux. Des Celtes antérieurement aux temps historiques. Essai dans lequel on a tracé la marche de leurs colonies en Europe. *Paris, Nicolle*, 1817 ; in-8, demi-rel. dos et coins de chagr. rouge, dos orné, tête dor., *non rogné (Niedrée).*   **6 fr.**

309. Le Franc de Pompignan. Poésies sacrées de Monsieur L* F**** divisées en quatre livres, et ornées de figures en taille-douce. *Paris, Chaubert*, 1751 ; in-8, mar. rouge, dos orné, fil., tr. dor. (*Rel. anc.*).   **25 fr.**

Jolies vignettes de *Gravelot*, gravées par *Fessard*.

310. Le Gentil. Voyage dans les mers de l'Inde, fait par ordre du roi, à l'occasion du passage du Vénus sur le disque du Soleil le 6 juin 1761 et le 3 du même mois 1769. *Paris, impr. royale*, 1779-1781 ; 2 vol. in-4, veau.   **25 fr.**

27 grandes planches repliées, gravées en taille-douce par *de la Gardette*.

311. Le Grand (Albert). La Vie, gestes, mort et miracles des Saincts de la Bretaigne armorique. Ensemble un ample catalogue chronologique et historique des Evesques des neufs eveschez d'icelle. *Nantes, Pierre Doriou*, 1637; in-4, veau. 30 fr.

Rare et recherché.

312. Le Grand (F.-Albert). Les Vies des Saincts de la Bretagne armorique, ensemble un ample catalogue chronologique et historique des Evesques d'icelle. *Rennes, Vve Jean Vatar*, 1680 ; in-4, veau.   **30 fr.**

Ouvrage rare. Exemplaire fatigué.

313. Le Grand d'Aussy. Histoire de la vie privée des Français, depuis l'origine de la nation jusqu'à nos jours. *Paris, impr. de Ph.-D. Pierres*, 1782 ; 3 vol. in-8, bas. 12 fr.

314. Lelong. Bibliothèque historique de la France, contenant le catalogue des ouvrages imprimés et manuscrits qui traitent de l'histoire de ce royaume, ou qui y ont rapport ; avec des notes par feu J. Lelong. Nouvelle édition, revue, corrigée et augmentée par M. Fevret de Fontette. *Paris, Hérissant*, 1768-1778 ; 5 vol. in-fol., veau, dos orné, fil., tr. rouge (*Rel. anc.*). 125 fr.

Bon exemplaire, aux armes royales, de cet excellent ouvrage de bibliographie historique.

315. Lemaitre (E.). Le Livre d'Amour. Sainte-Beuve et Victor Hugo. Lettre-préface d'Arsène Houssaye. *Reims, Michaud*, 1895 ; in-8, fac-similé, br., couv. 12 fr.

Tiré à 125 exemplaires.

316. Lemazurier (P.-D.). Galerie historique des Acteurs du Théâtre français, depuis 1600 jusqu'à nos jours. Ouvrage recueilli des mémoires du temps et de la tradition. *Paris, Chaumerot*, 1810 ; 2 vol. in-8, br. 12 fr.

Frontispice de *Le Barbier*.

317. Lemoyne (André). Œuvres de André Lemoyne. *Paris, Alphonse Lemerre*, 1871-1886 ; 4 vol. pet. in-12, portr., br. 40 fr.

Poésies. 3 vol. — Une Idylle normande : le Moulin des Prés : Alise d'Evran. L'un des 20 exemplaires sur PAPIER DE CHINE.

318. Le Moyne (Pierre). La Gallerie des Femmes fortes, par le P. Pierre le Moyne. *A Leiden, chez Jean Elsevier et à Paris, chez Charles Angot*, 1660 ; pet. in-12, vélin. 40 fr.

Frontispice, jolis et nombreux portraits de femmes célèbres dans l'histoire sacrée et profane. — Haut. : 131 mm.

319. Lequino. Guerre de la Vendée et des Chouans, par Lequino, représentant du peuple, député par le département du Morbihan. *Paris, Pougin, an III* (1795) ; in-8, cart. toile, tête dor., éb. 8 fr.

320. Le Roy. Étrennes chronométriques ou calendrier pour l'année bissextile 1760, contenant ce qu'on sçait de plus intéressant sur la division et la mesure du temps. *Paris, 1760* ; in-12, mar. rouge, dos orné, fil., tr. dor. (*Rel. anc.*). 15 fr.

Joli frontispice de *Gravelot* gravé par *Le Mire*. — Taches.

321. Lespinasse (Mlle de). Lettres écrites depuis l'année 1773 jusqu'à l'année 1776 ; suivies de deux chapitres dans le genre du Voyage sentimental de Stern. *Paris, Collin*, 1809 ; 2 vol. in-8, bas. 8 fr.

322. Lettres et les arts (Les). Revue illustrée. *Paris, Boussod et Valadon*, 1886-1887 ; 24 livraisons in-4, br. 300 fr.

Ces 24 fascicules forment les deux premières années de cette très belle publication qui fut tirée à petit nombre et rédigée par les meilleurs écrivains de notre époque. Nombreuses illustrations dans le texte et grandes compositions hors texte, tirées en noir, en teintes différentes et en couleurs, par les artistes modernes les plus en renom : *Boutet de Monvel, Ed. Detaille, Dubufe, Lévy, Delort, Beaumont, Grasset*, etc.

323. Le Verrier de la Conterie. Vénerie normande, ou l'École de la chasse aux chiens courants pour le lièvre, le chevreuil, le cerf, le daim, le sanglier, le loup, le renard et la loutre. Avec les tons de chasse. *Rouen, Laurent-Dumesnil*, 1778 ; in-8, pl., br. 40 fr.

Deuxième édition, plus ample que la précédente.

324. Levesque (Pierre-Charles). Histoire de Russie et des principales nations de l'empire russe. Quatrième édition revue et augmentée par MM. Malte-Brun et Depping. *Paris, Fournier*, 1812 ; 8 vol. in-8 et 1 atlas in-4, cart., *non rognés*. 35 fr.

L'atlas renferme 60 portraits gravés au trait des souverains russes, depuis Rourik Ier jusqu'à Paul Ier. Bel exemplaire.

325. L'Hermite (Tristan). Les Amours de feu M. Tristan, et autres pièces très curieuses. *Paris, Gabriel Quinet*, 1662 ; in-12, front., veau marbr., dos orné, fil., tr. dor. (*Petit-Simier*). 20 fr.

Bel exemplaire.

326. Lièvre (Édouard). Musée Impérial du Louvre. Collection Sauvageot, dessinée et gravée à l'eau-forte par Edouard Lièvre, accompagnée d'un texte historique et descriptif par A. Sauzay. *Paris,*

Nobet et Baudry, 1863 ; in-fol., en feuilles dans un carton. 70 fr.

Belle publication artistique, illustrée de 120 planches à l'eau-forte tirées sur Chine.

327. Ligne (le Prince de). Œuvres choisies, littéraires, historiques et militaires du Maréchal Prince de Ligne ; contenant des mémoires sur la Pologne, les juifs, les bohémiens, etc. *Genève et Paris*, 1809 ; 3 vol. in-8, bas. 30 fr.

Rare.

328. Limiers. Annales de la Monarchie française, depuis son établissement jusques à présent. *Amsterdam, L'Honoré et Châtelain*, 1724 ; 3 tomes en 1 vol. in-fol., veau. 60 fr.

Cet ouvrage renferme la suite des médailles frappées sous les différens règnes et surtout une suite de vues de monuments de Paris, de châteaux de France très intéressantes. particulièrement le château et parc de Versailles avec tous ses bosquets et fontaines.
Exemplaires en GRAND PAPIER. Légères mouillures au début.

329. Littré. Dictionnaire de la Langue française. *Paris, Hachette*, 1863 ; 30 livraisons in-4, br. 35 fr.

330. Littré. Études et glanures pour faire suite à l'histoire de la langue française. *Paris, Didier*, 1880 ; in-8, br. 4 fr.

331. Livre d'heures (le) de la reine Anne de Bretagne. Traduit du latin et accompagné de notices inédites, par M. l'abbé Delaunay. *Paris, L. Curmer*, 1841 ; gr. in-4, en 50 livraisons. 500 fr.

Très bel exemplaire bien complet et en feuilles, de cette magnifique reproduction par la chromolithographie du célèbre manuscrit d'Anne de Bretagne. chef-d'œuvre de l'art du miniaturiste au début du XVI° siècle.

332. Lobineau. Histoire de Bretagne, composée sur les titres et les auteurs originaux par dom Gui Alexis Lobineau. Enrichie de plusieurs portraits et tombeaux en taille-douce ; avec les preuves et pièces justificatives, accompagnées d'un grand nombre de sceaux. *Paris. Vᵛᵉ Fr. Muguet*, 1707 ; 2 vol. in-fol., veau, dos orné (*Rel. anc.*). 75 fr.

Bel exemplaire de cet ouvrage recherché.

333. Lobineau. Les Vies des Saints de Bretagne, et des personnes d'une éminente piété qui ont vécu dans la même province. Par dom Gui-Alexis Lobineau. Enrichies de figures en taille-douce. *Rennes, comp. des imprimeurs-libraires*, 1724 ; in-fol., demi-rel. veau. 45 fr.

Bel exemplaire.

334. Lombard de Langres. Mémoires anecdotiques pour servir à l'histoire de la Révolution française, par Lombard de Langres, ancien ambassadeur en Hollande. *Paris, Ladvocat*, 1823 ; 2 vol. in-8, cart., *non rognés*. 10 fr.

335. Louis XIV. Œuvres. *Paris, Treuttel et Wurtz*, 1806 ; 7 vol. in-8, veau racine, dos orné, dent. (*Rel. anc.*). 20 fr.

Fac-similés d'autographes.

336. Louis XVI. Correspondance politique et confidentielle, inédite, de Louis XVI avec ses frères et plusieurs personnes célèbres, pendant les dernières années de son règne et jusqu'à sa mort ; avec des observations par Hélène-Maria Williams. *Paris, Debray*, 1803 ; 2 vol. in-8, bas., dos orné. 12 fr.

Cette correspondance est apocryphe ; elle a été composée par Barbié de Bercenay et Imbert, comte de la Platière. Voy. à ce sujet la longue note de Quérard, tome II, col. 824 et suiv.

337. Louisy (P.). Le Livre et les arts qui s'y rattachent depuis les origines jusqu'à la fin du XVIII° siècle. *Paris, Firmin-Didot*, 1886 ; in-8, br. 4 fr.

Ouvrage illustré de 221 gravures et d'une planche en couleur.

338. Lucain. M. Annæi Lucani Pharsalia ex optimis exemplaribus emendata. *Parisiis, Ant. Aug. Renouard, typis P. Didot natu majoris*, 1795 ; pet. in-fol., demi-rel. mar. rouge, dos orné (*Coméleran*). 15 fr.

Très belle édition tirée à 200 exemplaires sur PAPIER VÉLIN.

339. Luther. Mémoires, écrits par lui-même. traduits et mis en ordre par J. Michelet. *Paris, Delahays*, 1854 ; 2 vol. in-8, br. 6 fr.

Achat de Bibliothèques

340. **Machiavelli** (Nicolai) Florentini Princeps, ex Sylvestri Tellii Fulginatis traductione diligenter emendatus. *Lugduni Batavorum, ex off. Hieronymum de Vogel*, 1643; in-12, front., mar. rouge, dos orné, fil., tr. dor. (*Rel. anc.*).10 fr.

Haut. 134 mm.

341. **Mahomet**. L'Alcoran de Mahomet, translaté d'arabe en françois, par le sieur du Ryer, sieur de la Garde Malezair. *Suivant la copie imprimée à Paris, chez Ant. de Sommaville (Amsterdam, Louis Elzevier)*, 1649 ; pet. in-12, mar. rouge, dos orné à la grotesque, fil., tr. dor. (*Rel. anc.*).   30 fr.

Haut. 130 mm.

342. **Maison rustique** du 19ᵉ siècle, contenant les meilleures méthodes de culture usitées en France et à l'Etranger ; les procédés pratiques propres à guider le fermier, le régisseur, etc. Rédigé par une réunion d'agronomes et de praticiens sous la direction de MM. Bailly, Bixio et Malpeyre. *Paris, libr. agricole, s. d.* ; 4 vol. gr. in-8, br.   15 fr.

250 vignettes gravées sur bois insérées dans le texte.

343. **Maistre** (Joseph de). Les Soirées de Saint-Pétersbourg, suivies d'un traité sur les sacrifices. *Lyon, Pélagaud*, 1836 ; 2 vol. in-8, br., couv.   12 fr.

344. **Mangin** (Arthur). Les Plantes utiles. Illustrations par Yan'Dargent et W. Freeman. *Tours, Alfr. Mame*, 1870 ; in-8, br.   3 fr.

345. **Manuel** (Pierre). La Police de Paris dévoilée. *Paris, Garnery*, 1790 ; 2 vol. in-8, demi-rel. veau. 10 fr.

Joli frontispice non signé.

346. **Maps** of the society for the diffusion of useful knowledge. *London, Ch. Knight*, 1879 ; 2 vol. pet. in-fol., demi-rel. chagr. rouge, tête dor.   15 fr.

Le second volume renferme les plans de toutes les capitales et villes principales du monde.

347. **Marc-Aurèle**. Pensées de l'empereur Marc-Aurèle-Antonin, traduites du grec par M. de Joly. *Paris, Ant.-Aug. Renouard*, 1803 ; in-12, portr. par S.-Aubin, mar. vert, dos orné, dent., tr. dor. (*Rel. anc.*).   20 fr.

348. **Marchangy**. Tristan le voyageur ou la France au XIVᵉ siècle. Seconde édition. *Paris, Urbain Canel*, 1825-1826 ; 6 vol. in-8, br.   12 fr.

349. **Maréchal** (Sylvain). Dictionnaire des Athées anciens et modernes. Deuxième édition augmentée des supplémens de J. Lalande, de plusieurs articles inédits, et d'une notice nouvelle sur Maréchal et ses ouvrages par J.-B.-L. Germond. *Bruxelles*, 1833 ; in-8, br.   10 fr.

350. **Maréchal** (Sylvain). Tableaux de la Fable ou nouvelle histoire poétique des Dieux, demi-Dieux. Dessinés et gravés par les meilleurs artistes, avec texte explicatif de M. Sylvain M-l. *Paris, Pavard*, 1787 ; 8 vol. in-16, cart., *non rognés*.   150 fr.

Charmante et très rare collection de 64 figures gravées en couleurs par *Mixelle l'aîné*, ne comprenant ici que 6 volumes sur 8. Chaque explication a une pagination spéciale et est ornée d'une figure, soit 48 au total dans cet exemplaire qui est en parfait état de conservation.

351. **Marie-Antoinette**. Essai historique sur la Vie de Marie-Antoinette d'Autriche, reine de France. *S. l. n. d.* ; in-8, br.   15 fr.

Pamphlet violent de 114 pages, dirigé contre les mœurs de la reine. Très rare.

352. **Marie-Antoinette**. Histoire de Marie-Antoinette-Josèphe-Jeanne de Lorraine, archiduchesse d'Autriche, reine de France, par l'auteur de l'éloge de Louis XVI (Montjoie). *Paris, Perronneau*, 1797 ; in-8, portr., cart.   20 fr.

Portrait de la reine.

353. **Marnier** (J.). Souvenirs de guerre en temps de paix. 1793-1806-1823-1862. *Paris, Tanera*, 1868 ; in-8, br.   3 fr.

354. **Martin** (Alexis). Faïences et porcelaines. 37 dessins de Schmidt et 195 monogrammes. *Paris, Hennuyer*, 1886 ; in-8, br.   6 fr.

355. **Martonne** (A. de). La Piété au Moyen-Age. *Paris, Dumoulin*, 1855 ; in-8, cart., *non rogné*. 20 fr.

Ouvrage devenu rare, dans lequel on trouve de savantes dissertations sur les miracles et les mystères, sur les fêtes des fous, des innocents, de l'âne, etc.

Exemplaire avec une lettre d'envoi autographe de l'auteur.

356. Marvaud. Histoire des vicomtes et de la vicomté de Limoges. *Paris, Dumoulin,* 1873 ; 2 vol. in-8, br. 10 fr.

PAPIER VERGÉ.

357. Massillon. Œuvres choisies de Massillon. *Paris, Delestre-Boulage,* 1823-1824 ; 6 vol. in-8, demi-rel. veau rose, dos orné, tr. marbr. 35 fr.

Sermons pour le Carême. — Sermons pour l'Avent. — Petit Carême. — Conférences et discours.

358. Maupeouana, ou recueil complet des écrits patriotiques, publiés pendant le règne du chancelier Maupeou, pour démontrer l'absurdité du despotisme qu'il voulait établir. Ouvrage qui peut servir à l'histoire du siècle de Louis XV, pendant les années 1770 à 1774. *Paris,* 1775; 5 vol. in-8, veau 20 fr.

Cet ouvrage a été imprimé d'abord sous le titre de « Correspondance secrète et familière » ; et ensuite sous celui de « Les Efforts de la liberté et du patriotisme ».

359. Maupertuis. Œuvres de M. de Maupertuis. Nouvelle édition corrigée et augmentée. *Lyon, Jean-Marie Bruyset,* 1756 ; 4 vol. in-8 tirés in-4, portr., veau fauve, dos orné, fil., tr. dor. (*Rel. anc*). 45 fr.

Très bel exemplaire en parfait état de conservation, tiré sur GRAND PAPIER VERGÉ.

360. Maurepas (Comte de). Mémoires du comte de Maurepas, ministre de la Marine. *Paris,* 1791-1792 ; 4 tomes en 2 vol. in-8, demi-rel. bas. 15 fr.

Le tome 1ᵉ est illustré de 11 portraits, caricatures satiriques extraites des « Héros de la Ligue » publiées en 1691 et attribuées à C. Dusart.

361. Mazarinades. *Paris,* 1649 ; 5 pièces in-4, déreliées. 12 fr.

Advis salutaire donné à Mazarin. — Lettre à M. le Cardinal, burlesque. — Le Mathois ou marchand meslé. — Le Ministre d'Etat flambé. — La Prosopopée de la France.

362. Mélanges. Onze opuscules en un vol. in-8, cart., *non rogné.* 8 fr.

Vitu. La Mansarde de Bonaparte au quai Conti. 1885. — La Vérité sur la famille de Lusignan. — *Dutemple.* Ordres du jour inédits de Santerre. 1875. — *Destrem.* Les Déportations du Consulat. 1878.

— Les Budgets de la Prusse. 1877. — *Marionneau.* Une Visite au château de Montaigne. 1885. Etc.

363. Mélanges curieux et anecdotiques tirés d'une collection de lettres autographes et de documents historiques ayant appartenu à M. Fossé-d'Arcosse. *Paris, Techener,* 1861 ; in-8, br. 15 fr.

364. Mellin de Saint-Gelais. Œuvres poétiques. *Paris, Guillaume de Luyne,* 1656 ; in-12, veau fauve, fil., tr. dor. 20 fr.

Papier jauni par le temps.

365. Mémoire politico-critique, où l'on examine s'il est de l'intérêt de l'Eglise et de l'Etat d'établir pour les Calvinistes du royaume une nouvelle forme de se marier. (Par l'abbé Novi de Caveirac). *S. l.,* 1756 ; in-8, veau. 12 fr.

Écrit dirigé contre les protestants.

366. Mémoires d'un Apothicaire (Sébastien Blaze), sur la guerre d'Espagne, pendant les années 1808 à 1814. *Paris, Ladvocat,* 1828 ; 2 vol. in-8, demi-rel. bas. 10 fr.

367. Mémoires pour servir à l'histoire de France en 1815, avec le plan de la bataille de Mont-Saint-Jean. *Paris, Barrois,* 1820 ; in-8, plan, cart. 4 fr.

Cet ouvrage est de Napoléon Iᵉʳ lui-même, il forme le IXᵉ livre de ses Mémoires, et contient l'histoire militaire des Cent Jours.

368. Mémoires secrets sur la Russie, et particulièrement sur la fin du règne de Catherine II et le commencement de celui de Paul Iᵉʳ, formant un tableau des mœurs de St-Petersbourg à la fin du XVIIIᵉ siècle (par Ph. Masson). *Paris, Ch. Pougens,* 1800; 2 vol. in-8, veau marbr., dos orné, dent. (*Rel. anc.*). 10 fr.

369. Mémoires secrets sur la vie privée, politique et littéraire de Lucien Buonaparte, prince de Canino, rédigé sur sa correspondance et sur des pièces authentiques et inédites. *Bruxelles, Maubach,* 1818 ; in-8, demi-rel. bas. 4 fr.

370. Mémoires tirés des papiers d'un homme d'Etat, sur les causes secrètes qui ont déterminé la politique des cabinets dans la guerre

Achat de Bibliothèques

de la Révolution, depuis 1792 jusqu'en 1815 (par le comte d'Allonville, A. de Beauchamp et Schubart). *Paris, Ponthieu,* 1828-1838 ; 13 vol. in-8, br.   70 fr.

Mémoires très intéressants (voy. Barbier III, 260).

371. Mercier (L.-Séb.). Le Nouveau Paris, par le cit. Mercier. *Paris, Fuchs, s. d.;* 6 tomes en 3 vol. in-8, couv. en papier.   12 fr.

Ouvrage critique des mœurs sous la Révolution.

372. Mercier (L.-Séb.). Théâtre complet de M. Mercier. Nouvelle édition. *Amsterdam, B. Vlam, et Leide, J. Murray,* 1778-1784 ; 4 vol. in-8, demi-rel. veau.   12 fr.

14 figures par *Fritzius, Hulk* et *Godin,* la plupart copiées d'après Marillier.

373. Mérian (Marie-Sibille). Dissertation sur la génération et les transformations des Insectes de Surinam dans laquelle on traite des vers et des chenilles de Surinam, des plantes, fleurs et fruits dont ils vivent et dans lesquels on les a trouvez. On y parle aussi des crapaux, lezards, serpens, aragnées et autres petits animaux. *La Haye, Pierre Gosse,* 1726 ; in-fol. — Histoire des Insectes de l'Europe. *Amsterdam,* 1730 ; in-fol. Ens. 2 tomes en un vol. in-fol., veau.   40 fr.

Le premier de ces ouvrages comprend 72 et le second 184 belles planches très finement gravées en taille-douce.

374. Michaud. Histoire des Croisades, augmentée d'un appendice par M. Huillard Bréholles. *Paris, Furne,* 1857 ; 4 vol. in-8, br. 12 fr.

375. Mille et Une Nuits (Les). Contes arabes, traduits en français par Galland. Nouvelle édition, revue sur les textes originaux par M. Destrains, précédée d'une Notice historique sur Galland, par M. Charles Nodier. *Paris, Galliot (Impr. de Crapelet),* 1822-1825 ; 6 vol. in-8, demi-rel. dos et coins de mar. violet, dos orné, *non rognés (Carroll).*   120 fr.

Exemplaire en GRAND PAPIER VÉLIN avec les figures de *Westall* tirées sur Chine AVANT LA LETTRE.
Bel exemplaire.

376. Mille et Une Nuits (Les). Contes arabes, traduits par Galland. Edition illustrée par les meilleurs artistes français et étrangers, revue et corrigée sur l'édition princeps de 1704 ; augmentée d'une dissertation sur les Mille et Une Nuits, par M. le baron Silvestre de Sacy. *Paris, Ernest Bourdin, 16, rue de Seine-Saint-Germain, s. d.* (1840); 3 vol. gr. in-8, brochés (couv. ill.).   60 fr.

Bel exemplaire du PREMIER TIRAGE de cette édition des Mille et Une Nuits, ornée d'un très grand nombre de figures insérées dans le texte et de 20 planches tirées à part (les frontispices des 2 derniers volumes manquent). Couverture illustrée et imprimée en bleu et or sur fond blanc. Taches de rousseur.

377. Mirabeau (Honoré-Gabriel Riquetti, comte de). De la Monarchie prussienne, sous Frédéric le Grand; avec un appendice contenant des recherches sur la situation actuelle des principales contrées de l'Allemagne. *Londres (Paris, Lejay),* 1788; 8 vol. in-8, mar. rouge, dos orné, dent., tr. dor. *(Rel. anc.).*   40 fr.

Cet ouvrage traite des moyens auxquels la maison de Brandebourg dut son élévation, de la géographie, des productions, des manufactures, du commerce et de l'état militaire de la Prusse.

378 Mirabeau (Honoré-Gabriel Riquetti, comte de). Œuvres. *Londres (Paris, Lejay),* 1784-1797 ; 6 vol. in-8, veau marbré, dos orné *(Rel. anc.).*   30 fr.

Essai sur le despotisme. — Aux bataves sur le Stathouderat. — Sur Moses Mendelssohn, sur la réforme politique des juifs. — Considérations sur l'ordre de Cincinnatus. — Conseils à jeune prince.— Esprit de Mirabeau ou manuel de l'homme d'État. — Histoire secrète de la Cour de Berlin. — Etc.

379. Molière. Œuvres de Molière. Nouvelle édition, augmentée de la vie de l'auteur et des remarques historiques et critiques par M. de Voltaire. *Amsterdam et Leipzig, Arkstée et Merkus,* 1765 ; 6 vol. pet. in-12, demi-rel. dos et coins de mar. rouge, tête dor., *non rognés (Duru).*   60 fr.

Charmante édition, ornée de la suite des figures de *Punt.*

380. Molière. Œuvres complètes de Molière, avec les notes de tous les commentateurs (compilées par Jules Taschereau). *Paris, Lheureux,* *(impr. de F. Didot)*, 1823-1824 ; 8 vol. in-8, portr., veau racine, dos orné, dent.   35 fr.

381. **Monasticon Gallicanum**, collection de 168 planches de vues topographiques représentant les monastères de l'ordre de Saint Benoit avec une préface par L. Delisle. *Paris, Palmé*, 1871 ; 3 vol. in-4, cart.   40 fr.

Planches et texte.

382. **Montbel** (de). Le duc de Reichstadt. *Paris et Versailles*, 1833 ; in-8, portr., demi-rel. mar. bleu, dos orné, *non rogné*.   10 fr.

Les pp. 17 à 32 ont été inversées par le relieur.

383. **Montifaud** (Marc de). Les Courtisanes de l'antiquité. Marie Magdeleine. Deuxième édition. *Paris, Lacroix*, 1869 ; in-8, br. 6 fr.

384. **Monument du Costume**. 24 estampes dessinées par Moreau le Jeune en 1766-1873 et 12 estampes dessinées par Freudeberg en 1774 pour servir à l'Histoire du Costume dans le dix-huitième siècle, gravées au burin par Dubouchet. *Paris, Conquet*, 1880-1883 ; en feuilles et en cartons.   250 fr.

Exemplaire sur PAPIER DU JAPON. Texte (de Restif de la Bretonne) entièrement gravé et figures dans les trois premiers états : 1° EAUX-FORTES PURES (tirage à 70) ; 2° EAUX-FORTES AVANCÉES (tirage à 70), et 3° épreuves terminées, avec noms à la pointe (tirage à 140).

385. **Morand** (Sauveur-Jérôme). Histoire de la Ste-Chapelle royale du Palais, enrichie de planches ; par M. Sauveur-Jérôme Morand, chanoine de ladite église. *Paris, Clousier et Prault*, 1790 ; in-4, demi-rel. chagr. noir, éb.   20 fr.

Exemplaire en GRAND PAPIER orné de planches en taille-douce.

386. **Morice** (Dom Pierre-Hyacinthe) et dom **Taillandier**. Histoire ecclésiastique et civile de Bretagne. *Paris, Delaguette*, 1750-1756 ; 2 vol. — Mémoires pour servir de preuves à l'histoire de Bretagne. *Paris, Osmond*, 1742-1746 ; 3 vol. Ens. 5 vol. in-fol., front., veau fauve, dos orné, fil., tr. dor. *(Rel. anc.)*   300 fr.

Rare ouvrage très recherché, surtout à cause des preuves qui présentent une infinité de pièces curieuses. — **Très bel exemplaire.**

387. **Morin** (Louis). Histoire d'autrefois. Jeannick. 87 dessins de l'auteur. *Paris, libr. illustrée*, 1885 ; in-8, br., couv. ill.   4 fr.

388. **Morison**. Relation historique d'un voyage nouvellement fait au mont Sinaï et à Jérusalem, par le sieur Morison, chanoine de Bar-le-Duc. *Toul, A. Laurent*, 1704 ; in-4, veau.   10 fr.

Aux armes de CAUMARTIN SAINT-ANGE.

389. **Mousseaux** (Gougenot des). Le Juif, le Judaïsme et la Judaïsation. *Paris, Plon*, 1869 ; in-8, br.   5 fr.

390. **Musée** ou Magasin comique de Philipon, contenant près de 800 dessins par Cham, Daumier, Gavarni, Grandville, Lorentz, etc. *Paris, Aubert, s. d.* ; 2 vol. gr. in-4, demi-rel. veau.   35 fr.

La reliure n'est pas uniforme.

391. **Musset-Pathay** (V.-D.). Histoire de la vie et des ouvrages de J.-J. Rousseau. *Paris, Dupont*, 1827 ; in-8, br.   5 fr.

Très bon ouvrage.

392. **Naudet** (J.). Conjuration d'Etienne Marcel contre l'autorité royale. *Paris, Egron*, 1815 ; in-8, br.   3 fr.

393. **Niebuhr**. Description de l'Arabie d'après les observations et recherches faites dans le pays même. *Copenhague, Nicolas Moller*, 1773 ; in-4, veau.   5 fr.

Planches gravées en taille-douce.

394. **Noblesse** de Contrebande par Toison d'or (le vicomte de Calonne). *Paris*, 1883 ; pet. in-8, br.   7 fr.

Tiré à 500 exemplaires.

395. **Noel** (Fr.). Dictionnaire de la Fable, ou mythologie grecque, latine, égyptienne, celtique, persane, syriaque, indienne, chinoise, mahométane, rabbinique, slavonne, scandinave, etc. Nouvelle édition. *Paris, Le Normant*, 1803 ; 2 vol. in-8, front., br.   8 fr.

396. **Ornati** (Gli) delle pareti edi pavimenti delle stanze dell'antica Pompei, incisi in rame. *Napoli, della stampa reale*, 1808 ; 2 par-

ties en un vol. gr. in-fol., mar. rouge, dos orné, dent., tr. dor. (*Rel. anc.*)   75 fr.

Frontispice et 94 planches.
Ces estampes peuvent faire suite aux antiquités d'Herculanum.

397. Papillon (J.-M.). Traité historique et pratique de la Gravure en bois. Ouvrage enrichi des plus jolis morceaux de sa composition et de sa gravure. *Paris, P.-G. Simon*, 1766 ; 2 vol. in-8, demi-rel. bas.   40 fr.

Rare traité dû au rénovateur de la gravure sur bois au siècle dernier.
Curieuses planches en couleurs exécutées au moyen de bois successifs.

398. Paris. État de Paris, contenant sa distribution par quartiers, ses gouvernemens civils et militaires ; l'état ecclésiastique, ses institutions pour les sciences et arts libéraux, (par de Jeze). *Paris, Cl. Hérissant*, 1757 ; in-8, veau, dos orné.   5 fr.

Livre où l'on trouve une foule de renseignements sur toutes les professions exercées à Paris.

399. Paris. État ou tableau de la Ville de Paris, considérée relativement au nécessaire, à l'utile, à l'agréable, et à l'administration. Nouvelle édition, revue et corrigée. (Par Jeze, avec discours préliminaire par Ch.-E. Pesselier). *Paris, Prault*, 1761 ; in-8, plan, veau.   8 fr.

Reliure fatiguée.

400. Paris. Mémoire historique et critique sur la Topographie de Paris (par Bouquet). On y fait l'histoire de l'Emplacement de l'ancien hôtel de Soissons par M. Terrasson et de sa dissertation sur l'enceinte de la ville. *Paris, Lottin*, 1771 ; in-4, dérelié.   18 fr.

On y joint : *Histoire de l'emplacement de l'Hôtel de Soissons par Terrasson* (le titre manque), et, du même auteur, *Réfutation d'un mémoire prétendu historique et critique sur la topographie de Paris.* Paris, 1772, et *Addition.* 1773. A la fin : *Réplique* de Bouquet, bibliothécaire de la ville.

401. Paris. 10 pièces in-4, br. 25 fr.

Mémoire pour la ville de Paris, au sujet des anciens remparts entre les portes S.-Victor et S.-Bernard. 1769. 144 pp. — Arrêt du Conseil de 1699 qui autorise la vente du fossé et contrescarpe d'entre les portes S.-Bernard et S.-Victor. 18 pp. — Recueil de plusieurs pièces pour servir aux particuliers qui ont acquis des maisons, places, etc., scituez sur les fossez, remparts et contrescarpe de la ville. 1778. 24 pp. — Lettres de contrats de vente et concession pour l'hôtel-de-ville de Paris. 1778. 14 pp. — Mémoire pour le Prévôt et Echevins contre les administrateurs du Domaine. 1783. 56 pp. — Lettres patentes portant établissement d'une nouvelle halle aux bleds. 1762. 11 pp. — Déclaration prorogeant les droits établis (sur les halles). 1783. 10 pp. — Mémoire pour les Prevot et Echevins contre l'Archevêque de Paris. 1763. 6 pp. — Etc.

402. Paris, Versailles et les provinces au XVIIe siècle. Anecdotes sur la vie privée de plusieurs ministres, évêques, magistrats, hommes de lettres et autres personnages connus sous les règnes de Louis XV et de Louis XVI, par un ancien officier aux gardes françaises (le marquis Dugast de Bois-St-Just). *Paris, Gosselin*, 1823 ; 3 vol. in-8, demi-rel. veau, *non rognés.* 15 fr.

Ces anecdotes piquantes ont été revues par Mély-Janin. Le 3e volume est en édition originale à la date de 1817.

403. Pascal (Blaise). Pensées de Pascal, publiées d'après le texte authentique et le seul vrai plan de l'auteur, avec des notes philosophiques et théologiques et une notice biographique par Victor Rocher. *Tours, Alfred Mame*, 1873 ; gr. in-8, portr., br.   25 fr.

Exemplaire sur GRAND PAPIER VERGÉ numéroté.

404. Pellico (Silvio). Mes Prisons. Suivies du Discours sur les Devoirs des Hommes. Traduction de M. Antoine de Latour, avec des chapitres inédits, les additions de Maroncelli et des notices littéraires ou biographiques. *Paris, Charpentier*, 1843 ; gr. in-8, demi-rel. chagr. brun, éb., *non rogné.*   12 fr.

Belle édition illustrée par *Tony Johannot*, de 100 desssins gravés sur bois. Frontispice sur Chine.

405. Pelletan (Eugène). Décadence de la Monarchie. *Paris, Pagnerre*, 1861 ; in-8, br.   3 fr.

406. Peltier. Dernier tableau de Paris, ou récit historique de la révolution du 10 août 1792, des causes qui l'ont produite, des événements qui l'ont précédée, et des crimes qui l'ont suivie, par J. Peltier, de Paris, auteur des actes des apôtres. Troisième édition. *Lon-*

dres, *Elmsly, avril* 1794 ; 2 vol. in-8, br.　　　　9 fr.

> Portraits de Louis XVI et de Louis XVII.

407. Petermann (A.). Mittheilungen aus Justus Perthes' geographischer ansalt uber Wichtige neue erforschungen auf dem gesammtgebiete der geographie von Dr A. Petermann. *Gotha, Justus Perthes,* 1855-1885 ; 43 vol. in-4, demi-rel. et br.　　　350 fr.

> Belle collection géographique ornée de nombreuses cartes en couleurs. — 20 volumes sont en demi-rel. chagr. noir et le reste en livraisons.

408. Petits poètes du XVIIIe siècle, publiés avec notices bio-bibliographiques, sous la direction de M. Octave Uzanne. *Paris, Quantin,* 1879-1886 ; 12 vol. in-8, portr. et vign., br.　　　50 fr.

> Poésies de Vadé, de Piron, de Bertin, de Desforges-Maillard, de Lattaignant, de Gilbert, du cardinal de Bernis, de Gresset, de Gentil-Bernard, de Bonnard et de Boufflers.
> Collection très bien imprimée et tirée à petit nombre sur PAPIER VERGÉ, illustrée de portraits et de jolies vignettes en-têtes, gravées à l'eau-forte par *Lalauze, Gaujean, Milius,* etc.

409. Petity (Abbé de). Encyclopédie élémentaire ou introduction à l'étude des lettres, des sciences et des arts. *Paris, Hérissant fils,* 1767 ; 2 tomes en 3 vol. in-4, veau.　　　40 fr.

> Frontispice et très jolies figures allégoriques de *Gravelot.*

410. Pétrarque. Les Sonnets de Pétrarque. Traduction complète en sonnets réguliers, avec introduction et commentaire par Philibert le Duc. *Paris, Léon Willem,* 1877-1879 ; 2 vol. in-8, portr., br. 5 fr.

> Exemplaire non coupé.

411. Picard (L.-B.). Théâtre républicain et inédit. *Paris, Béchet,* 1832 ; in-8, br.　　　5 fr.

412. Pion des Loches. Mes Campagnes (1792-1815). Notes et correspondance. *Paris, Didot,* 1889 ; in-8, portr., br.　　　4 fr.

413. Piron. Œuvres complètes d'Alexis Piron, publiées par M. Rigoley de Juvigny. *Neuchâtel, impr. de la Société typographique,* 1777 ; 7 vol. in-8. — Poésies diverses d'Alexis Piron. *Londres, impr. de Williams Jackson,* 1779 ; in-8. Ens. 8 vol. in-8, portr., cart., *non rognés.*　　　60 fr.

> Bel exemplaire entièrement non rogné.
> Le 8e volume est extrèmement rare.

414. Pitra (Dom). Histoire de Saint Léger, évêque d'Autun et martyr de l'église des Francs. *Paris, Waille,* 1846 ; in-8, br.　　　7 fr.

> Rare.

415. Pitre-Chevalier. La Bretagne ancienne et moderne par Pitre-Chevalier, illustrée par A. Leleu, O. Penguilly, T. Johannot. *Paris, Coquebert* (1844) ; gr. in-8. en livraisons.　　　30 fr.

> ÉDITION ORIGINALE. Belles illustrations gravées sur bois et sur acier ; planches d'armoiries en chromolithographie.

416. Pitre-Chevalier. Bretagne et Vendée. Histoire de la Révolution française dans l'Ouest, par Pitre-Chevalier, illustrée par A. Leleu, O. Penguilly, T. Johannot. *Paris, Coquebert,* (1844-1848) ; gr. in-8, en livraisons.　　　25 fr.

> ÉDITION ORIGINALE. Ouvrage faisant suite au précédent, orné de gravures sur bois et sur acier. — Armoiries en lithographie. — Mouillures.

417. Plutarque. Œuvres complètes, traduites du grec par Jacques Amyot, avec des notes et des observations de M. l'abbé Brotier (et Vauvilliers). *Paris, Cussac,* 1783-1805 ; 22 vol. in-4, cart., *non rognés.*　　　90 fr.

> 22 vignettes AVANT LA LETTRE par *Borel,* de *Fraine, Le Barbier, Marchand, Maréchal, Marillier, Monnet, Moreau* et *Myris,* gravées par *Baquoy, Château, Halbou, Levillain, de Longueil, Née, Patas* et *Ponce.*
> Exemplaire en GRAND PAPIER DE HOLLANDE.
> Toutes les coiffes du cartonnage ont été rongées par les rats, sans atteindre le texte.

418. Plutarque. Les Vies des hommes illustres de Plutarque. Traduites du grec par Jacques Amyot ; avec des notes et des observations de M. l'abbé Brotier (et Vauvilliers). *Paris, J.-B. Cussac,* 1783-1805 ; 25 vol. in-8, veau, dos orné, fil., tr. dor. (*Rel. anc.*).　　　120 fr.

> 22 figures par *Borel,* de *Fraine, Le Barbier, Marchand, Maréchal, Marillier, Monnet, Moreau* et *Myris.*
> Bel exemplaire auquel on a ajouté la suite

des portraits dessinés par *Garnerey* et gravés par *Delvaux*.

419. Pocquet de Livonière. Traité des Fiefs, par M. Claude Pocquet de Livonière, conseiller au présidial d'Angers. Quatrième édition. *Paris, Lemercier*, 1756; in-4, bas. – 10 fr.

420. Poiret (J.-L.-M.). Histoire philosophique, littéraire, économique des Plantes de l'Europe. *Paris, Ladrange et Verdière*, 1825-1829; 7 vol. in-8, demi-rel. dos orné, tr. marbr. 120 fr.

126 planches finement coloriées.

421. Pontaumont. Histoire de la ville de Carentan et de ses notables, d'après les monuments paléographiques. *Paris, Dumoulin et Gouin*, 1863; in-8, br. 3 fr.

422. Prévost (l'abbé). Histoire du chevalier des Grieux et de Manon Lescaut, par l'abbé Prévost. *Paris, Alphonse Lemerre*, 1870; in-12, front., br. 12 fr.

L'un de 116 exemplaires sur PAPIER WHATMAN (n° 2).

423. Prévost (l'abbé). Œuvres choisies, avec figures. *Paris, impr. de Leblanc*, 1810-1816; 39 vol. in-8, demi-rel. veau. 100 fr.

Exemplaire tiré sur PAPIER VÉLIN avec un portrait gravé par *Ficquet* et 77 figures de *Marillier*.

424. Prévost (Marcel). Lettres de femmes. *Paris, A. Lemerre*, 1892; in-12, br., couv. 3 fr.

ÉDITION ORIGINALE.

425. Procès célèbres de la Révolution, ou tableau historique de plusieurs procès fameux, tenant aux principaux événemens de l'interrègne révolutionnaire, par M. G. (A. C. Guichard), avocat. *Paris, Garnery*, 1814; 2 vol. in-8, demi-rel. bas. 15 fr.

426. Procès-verbal du pillage par les Hugenots des reliques et joyaux de Saint-Martin de Tours en mai et juin 1562, publié pour la première fois, par Ch.-L. Grandmaison. *Tours, impr. Mame*, 1863; in-8, br., couv. 4 fr.

PAPIER VERGÉ.

427. Prudhomme. Histoire générale et impartiale des erreurs, des fautes et des crimes commis pendant la Révolution française (par L. Prudhomme). *Paris*, 1797; 6 vol. in-8, fig., demi-rel. bas., dos orné (*Rel. anc.*). 50 fr.

Un des ouvrages les plus réputés sur la Révolution. Curieuses figures gravées sur cuivre.
Très bel exemplaire.

428. Puységur (Maréchal de). Art de la Guerre, par principes et par règles. Ouvrage de M. le Maréchal de Puységur, mis au jour par M. le marquis de Puységur, son fils. *Paris, Ch.-Ant. Jombert*, 1749; 2 vol. in-4, veau. 35 fr.

Très belles planches démonstratives par *Marvye* et vignettes par *Cochin*.

429. Quevedo (Francisco de). Histoire de Pablo de Ségovie (El gran Tacaño). Traduite de l'espagnol et annotée par A. Germond de Lavigne. *Paris, L. Bonhoure*, 1882; in-8, br. 6 fr.

Illustrations de *Daniel Vierge*.

430. Quinze Joyes (Les) de Mariage, ou la Nasse dans laquelle sont détenus plusieurs personnages de notre temps. Mises en lumière par François de Rosset. *Paris, Rolet Boutonné*, 1620; in-12, mar. rouge, dos orné, fil., tr. dor. (*Thibaron-Echaubard*). 50 fr.

Jolie vignette sur le titre.

431. Rabelais. Œuvres de maître François Rabelais, suivies des remarques publiées en anglois par M. le Motteux et traduites en françois par C. D. M. (César de Missy). *Paris, Bastien, an VI* (1798); 3 vol. in-8, br. 40 fr.

Édition illustrée de 96 curieuses figures gravées sur cuivre.

432. Rabelais. Œuvres de Rabelais. *Paris, Th. Desoer*, 1820; 3 vol. pet. in-12, cart., dos de mar., *non rognés*. 15 fr.

Jolies figures gravées sur bois par *Thompson*.

433. Reclus (Élisée). Nouvelle géographie universelle. La terre et les hommes. *Paris, Hachette*, 1876-1881; 2 vol. in-4. demi-rel. dos et coins de chagr. brun, dos orné, tête dor., *non rognés*. Chaque volume. 15 fr.

Tome Ier. L'Europe méridionale.—Tome VI. L'Asie russe.

Et de Livres anciens et modernes

434. **Recueil** d'Anecdotes anciennes, modernes et contemporaines. Nouvelle édition, illustrée de 120 vignettes. *Paris, Laisné,* 1857 ; in-8, br.   3 fr. 50

435. **Recueil** de pièces authentiques sur le captif de Ste-Hélène ; de mémoires et documens écrits ou dictés par l'empereur Napoléon : suivis de lettres de MM. le grand-maréchal comte Bertrand, le comte Las Cases, le général baron Gourgaud, le général Montholon, les Drs Warden, O'Meara et Autommarchi. *Paris, Alex. Corréard,* 1821-1822 ; 10 vol. in-8, br.   25 fr.

> Portrait en pied de Napoléon lithographié par *Lenglumé* et colorié.

436. **Recueil** des privilèges de MM. les conseillers, notaires et secrétaires du roy, maison et couronne de France, audienciers et controlleurs en la chancellerie de Bretagne. Le tout mis en bon ordre par M. Droüart. *Rennes, Vve Yvon,* 1655 ; in-4, veau.   20 fr.

> Mouillures.

437. **Recueil** de quelques pièces curieuses, servant à l'esclaircissement de l'histoire de la vie de la reyne Christine. Ensemble plusieurs voyages qu'elle a faits. *Cologne, Pierre du Marteau,* 1669. — L'Idée du Conclave présent de 1676, ou le pronostique du Pape futur. *Amsterdam,* 1676. — La Rome ridicule de M. de S. Amans. Caprice. *Paris,* 1661. Ens. 3 pièces en un vol. pet. in-12, veau fauve, dos orné, fil., tr. dor.   30 fr.

> A la page 90 du premier ouvrage on trouve la Relation de la mort tragique de Monaldeschi faite par le R. P. Le Bel, ministre du couvent de la S. Trinité de Fontainebleau.

438. **Recueil** des actes, titres et mémoires concernant les affaires du Clergé de France, augmentée d'un grand nombre de pièces et d'observations sur la discipline présente de l'Eglise. Mis en nouvel ordre (par Le Merre père et fils). *Paris, Desprez,* 1768-1771 ; 13 vol. in-4. — Abrégé du recueil, ou table raisonnée en forme de précis des matières. *Paris,* 1771 ; in-4. Ens. 14

vol. in-4, veau fauve, dos orné, tr. rouge (*Rel. anc.*).   60 fr.

> Bel exemplaire.

439. **Recueil** des Caquets de l'Accouchée. *S. l.,* 1622 ; 6 pièces pet. in-8, br., dans un étui.   50 fr.

> Éditions originales de 6 pièces sur 8 dont se compose la série : Le Caquet de l'accouchée, 24 pp. — La Seconde apresdisnée du Caquet de l'accouchée, 32 pp. — La troisiesme apres-disnée du Caquet de l'accouchée, 32 pp. — La Responce aux trois caquets de l'accouchée, 16 pp. — Le Passepartout du caquet des caquets de l'accouchée, 31 pp. — La dernière apres-disnée du caquet de l'accouchée, 16 pp.
> On y joint : l'Anti-caquet de l'accouchée, 14 pp., et le Caquet des poissonnières sur le département du Roy et de la Cour, 16 pp.

440. **Regnard**. Œuvres complettes, avec des avertissemens et des remarques sur chaque pièces, par M. G*** (Garnier). *Paris, impr. de Monsieur,* 1790 ; 6 vol. in-8, demirel. veau, dos orné.   25 fr.

> Portrait d'après *Rigaud* gravé par *Tardieu,* et 11 figures par *Moreau* et *Marillier,* gravées par *Delignon, Duponchel, Giraud, Halbou, Langlois, de Longueil, Patas, Simonet* et *Trière.*

441. **Religion** (La) des Gaulois, tirée des plus pures sources de l'Antiquité, par le R. P. Dom *** (Jacques Martin). *Paris, Saugrain,* 1727 ; 2 vol. in-4, veau.   15 fr.

> 44 planches gravées sur cuivre. Mouillures.

442. **Réveillé-Parize** (J.-H.). Lettres de Gui-Patin. *Paris, J.-B. Baillière,* 1846 ; 3 vol. in-8, br.   9 fr.

> Portrait et fac-similé.

443. **Revue nobiliaire** héraldique et biographique publiée par M. Bonneserre de S.-Denis. *Paris, Dumoulin,* 1862-1866 ; 4 vol. in-8, br.   20 fr.

> Les deux derniers volumes forment la nouvelle série publiée par L. Sandret.

444. **Riffard** (Léon). Contes et apologues. *Paris, Hachette,* 1886 ; in-8, br., couv.   7 fr.

> 150 vignettes dont 12 portraits de contemporains par *Frédéric Régamey.*

445. **Rochechouart** (Général, comte de). Souvenirs sur la Révolution, l'Empire et la Restauration. *Paris, Plon,* 1889 ; in-8, portr., br., couv.   5 fr.

446. **Rochefort** (Labouisse de). Souvenirs et Mélanges littéraires,

politiques et biographiques, par M. L. de Rochefort. *Paris, Bossange*, 1825 ; 2 vol. in-8, portr., cart., *non rognés.*   25 fr.

> Ces mémoires s'étendent de 1796 à 1805. On y trouve des anecdotes fort piquantes sur différents sujets. Les notes de police de Marais écrites sous Louis XVI sur les demoiselles de l'Opéra s'y trouvent en partie.

447. Roland (Jean-Marie). Compte rendu à la Convention nationale, par Jean-Marie Roland, ministre de l'intérieur, de toutes les parties de son département, de ses vues d'amélioration et de prospérité publique, le 6 janvier de l'an II de la République française. *Paris, impr. nationale exécutive du Louvre,* 1793 ; in-4, demi-rel. bas.   12 fr.

> On a relié à la suite : Rapport sur la situation de l'Ecole polytechnique, 1801. — Rapport du Conseil de perfectionnement de l'école polytechnique, 1806. — Règlement du prytanée français, 1801.

448. Rollinat (Maurice). Les Névroses. Les Ames, les Luxures, les Refuges, les Spectres, les Ténèbres. *Paris, G. Charpentier*, 1883 ; in-12, portr., br., couv.   5 fr.

> ÉDITION ORIGINALE.

449. Rome et Florence, par l'auteur de Naples et Venise (la baronne de Montaran, née Marie-Constance-Albertine Moisson de Vaux). *Paris, Delloye*, 1838 ; in-8, br. 3 fr.

> 4 lithographies.

450. Romey et **Jacobs.** La Russie ancienne et moderne d'après les chroniques nationales et les meilleurs historiens, par MM. Charles Romey et Alfred Jacobs. *Paris, Furne,* 1855 ; gr. in-8, br., couv. 12 fr.

> Édition illustrée de figures sur acier, en noir et en couleur, par *Yvon Rouargue,* etc., et d'une carte de l'empire de Russie d'Europe.

451. Rondelet (Jean). Traité théorique et pratique de l'Art de Bâtir. *Paris, Didot frères,* 1867 ; 5 vol. gr. in-4 de texte, demi-rel. dos et coins de mar. bleu, tête dor., *non rognés* et atlas in-fol., cart. 70 fr.

> L'atlas comprend 207 planches.

452. Roquefort. Vues pittoresques et perspectives des salles du Musée des monuments françois, et des principaux ouvrages d'architecture, de sculpture et de peinture sur verre qu'elles renferment, gravées au burin, en 20 estampes par MM. Réville et Lavallée, d'après les dessins de M. Vauzelle : avec un texte explicatif par B. de Roquefort. *Paris, impr. de P. Didot l'aîné,* 1816 ; gr. in-fol., demi-rel. mar. rouge, *non rogné.*   30 fr.

453. Rosset. L'Agriculture. Poëme. *A Paris, de l'impr. royale,* 1774 ; 2 parties en un vol. in-4, bas. *(Rel. anc.).*   40 fr.

> Très belles illustrations comprenant 2 frontispices par *Saint-Quentin*, 1 fleuron sur le titre et 2 vignettes en-tête par *Marillier*, 6 figures de *Loutherbourg*, gravées par *de Ghendt, Leveau, Lingée* et *Ponce*; et 6 vignettes en-têtes de *Saint-Quentin*, gravées par *Hémery, Leveau, Lingée* et *Ponce.*
> Exemplaire grand de marges.

454. Rostrenen (Grégoire de). Dictionnaire françois-breton necessaire à tous ceux qui veulent apprendre le françois en celtique ou en langage breton. *Rennes, Jean Vatar,* 1732 ; in-4, veau.   30 fr.
> Très bon ouvrage. Rare.

455. Rousseau (J.-J.). Julie ou la Nouvelle Héloïse. Vignettes par MM. Tony Johannot, E. Vattier, E. Lepoitevin, H. Baron, Karl Girardet, C. Rogier, etc. Gravées par M. Brugnot. *Paris, Barbier,* 1845 ; 2 vol. in-8, *en feuilles.*   30 fr.

> Ouvrage illustré d'environ 250 gravures sur bois, dont 38 tirées à part sur papier de Chine. — Manque le faux-titre du tome 1er.

456. Royer (Alphonse). Histoire de l'Opéra avec douze eaux-fortes. *Paris, Bachelin-Deflorenne,* 1875 ; in-8, br.   7 fr.

> 12 portraits à l'eau-forte tirés sur Chine : Mlle *Nilsonn, Taglioni, Sophie Arnould, Sallé, Bigottini, Falcon, Camargo, Guimard, Fanny-Essler,* Mme *Damoreau-Cinti, Branchu* et *Krantz.*

457. Sabine (Lorenzo). Notes on Duels and Duelling, alphabetically arranged, with a preliminary essay. *London, Sampson Low,* 1855 ; in-8, cart. toile.   12 fr.
> Ouvrage rare.

458. Saint-Luc (Le R. P. Toussaint Le Bigot de). Mémoires sur l'État du Clergé et de la Noblesse de Bretagne, par le R. P. Toussaint de Saint-Luc, carme de Bretagne. *Paris, Vve Prignard,* 1691 ; 3 parties en 2 vol. pet. in-8, veau brun, dos orné, fil.   **50 fr.**

Nombreuses planches en taille-douce de blasons de familles bretonnes.

459. Sainte-Beuve. Œuvres de C.-A. Sainte-Beuve. *Paris, Alphonse Lemerre,* 1876-1879 ; 4 vol. pet. in-12, portr., br.   **40 fr.**

Tableau de la Poésie française. — Poésies complètes. PAPIER DE CHINE.

460. Satyre Menippée de la vertu du catholicon d'Espagne ; et de la tenuë des Etats de Paris. A laquelle est adjousté un discours sur l'interprétation du mot de Higuiero d'infierno, et qui en est l'autheur. *Ratisbonne, Mathias Kerner* 1664 ; pet. in-12, mar. rouge, dos orné, fil., tr. dor. (*Rel. anc.*)   **100 fr.**

Édition avec l'entête à tête de buffle. Haut. 129 mm.

461. Sauvageau (Michel). Arrests et reglemens du Parlement de Bretagne, avec les observations et remarques de maitre Michel Sauvageau. *Nantes, Jac. Mareschal,* 1712 ; in-4, veau. (*Rel. anc.*). 15 fr.

462. Sauvageau (Michel). Coustume de Bretagne, avec les commentaires et observations pour l'intelligence et l'usage des articles obscurs. *Nantes, Jac. Mareschal,* 1710 ; 2 vol. in-4, veau.   **15 fr.**

463. Scott (Walter). Vie de Napoléon Buonaparte, empereur des français ; précédée d'un tableau préliminaire de la Révolution française. *Paris, Treuttel et Wurtz, Ch. Gosselin,* 1827 ; 9 vol. in-8, br.   **40 fr.**

464. Senancour (De). De l'Amour, considéré dans les lois réelles, et dans les formes sociales de l'union des sexes. *Paris, Cérioux,* 1806 ; in-8, demi-rel. vélin vert.   **8 fr.**

Ouvrage rare.

465. Sévigné (Mme de). Lettres de Madame de Sévigné, de sa famille et de ses amis. Avec portraits, vues et fac-simile. *Paris, Blaise,* 1820 ; 10 vol. in-8, br., *non rognés.* 35 fr.

466. Simonin. La Vie souterraine ou les mines et les mineurs. *Paris, Hachette,* 1867 ; gr. in-8, br. 10 fr.

Ouvrage illustré de 160 gravures sur bois, de 30 cartes tirées en couleur, et de 10 planches imprimées en chromolithographie.

467. Souvenirs d'un homme de Cour, ou mémoires d'un ancien page ; contenant des anecdotes secrètes sur Louis XV et ses ministres ; des observations sur les femmes, les mœurs, etc. Ecrits en 1788 par *** (de la Gorse). *Paris, Dentu,* 1805 ; 2 vol. in-8, bas., dos orné.   **15 fr.**

468. Spinosa (B. de). La Clef du Santuaire, par un sçavant homme de nôtre siècle. *Leyde, Pierre Varnaer,* 1678. — Refutation des Erreurs de Benoit de Spinosa, par M. de Fenélon, par le P. Lamy, et M. le comte de Boullainvilliers. *Bruxelles, Fr. Foppens,* 1731. Ens. 2 vol. in-12, mar. rouge, dos orné, fil , tr. dor. (*Rel. anc.*).   **80 fr.**

Le premier volume, traduction attribuée à S.-Glain, possède les 2 autres titres : « Réflexions curieuses d'un esprit désintéressé, et Traité des cérémonies superstitieuses des Juifs », sous lesquels il parut successivement.

469. Stendhal. Le Rouge et le Noir, par M. de Stendhal (Henri Beyle). Réimpression textuelle de l'édition originale, illustrée de 80 eaux-fortes par H. Dubouchet. Préface de Léon Chapron. *Paris, Conquet,* 1884 ; 3 vol. in-8, br., couv.   **3C0 fr.**

L'un des 150 exemplaires sur PAPIER DU JAPON (n° 137), auquel on a joint le prospectus de la publication.

470. Sterne (Laurence). Voyage sentimental en France, par M. Stern. sous le nom d'Yorick. *Dijon, impr. de L.-N. Frantin,* 1797 ; 2 tomes en un vol. in-8, cart., *non rogné* 15 fr.

Belle édition. Exemplaire entièrement non rogné.

471. Sully (Duc de). Mémoires. Mis en ordre avec des remarques par M. L.-D.-L. (l'abbé de L'Ecluse). *Londres (Paris),* 1747 ; 3 vol. in-4, veau fauve.   **25 fr.**

472. Susanne (Louis). Histoire de l'ancienne Infanterie française. Atlas de 151 planches renfermant la série complète, dessinée par Philipoteaux, des uniformes et des drapeaux des anciens corps de troupes à pied. *Paris, Corréard,* 1856 ; in-8, br.   **40 fr.**

Superbes épreuves très fraîches.

Achat de Bibliothèques

473. Tabarin. Recueil général des œuvres et fantaisies de Tabarin. Contenant des rencontres, questions et demandes facetieuses, avec leurs responses. Avec les rencontres et fantaisies du baron de Gratelard. *Rouen, Louys du Mesnil,* 1664 ; pet. in-12, mar. rouge, dos orné, dent., tr. dor. *(Ducastin).* 40 fr.

Bel exemplaire.

474. Tableaux du cabinet du Roi, statues et bustes antiques des maisons royales. *Paris, Impr. royale,* 1677, gr. in-fol., veau brun. 40 fr.

Tome premier du cabinet du Roi, contenant 24 planches pour les tableaux et 17 pour les statues, ensemble 41 planches.

475. Tabourot des Accords. Les Bigarrures et touches du seigneur des Accords ; avec les apophtegmes du sieur Gaulard, et les Escraignes dijonnoises. Dernière édition. *Paris, Arnould Cotinet,* 1662 ; in-12, mar. rouge, dos orné, fil., tr. dor. *(Rel. anc.).* 100 fr.

Édition renfermant les Rebus de Picardie, illustrés de vignettes sur bois.

476. Tasse (Le). Jérusalem délivrée, poème traduit de l'italien ; nouvelle édition, revue et corrigée, enrichie de la vie du Tasse (par Suard). *Paris, Bossange et Masson,* 1814 ; 2 vol. in-8, demi-rel. dos et coins de mar. rouge, dos orné, *non rognés.* 50 fr.

2 portraits et 20 figures de *Le Barbier* et 4 autres figures ajoutées, tirées AVANT LA LETTRE.

477. Testament (Nouveau) de Notre-Seigneur Jésus-Christ, traduit en français par M. le Maistre de Sacy. Nouvelle édition ornée de 96 figures gravées d'après les dessins de MM. Marillier et Monsiau. *Paris, Gay, Ponce, Belin, an XIII ;* 3 vol. in-4, cart., *non rognés.* 135 fr.

Exemplaire en PAPIER VÉLIN avec les figures AVANT-LA LETTRE, provenant de la bibliothèque GÉNARD.

478. Thiébault (Dieudonné). Mes Souvenirs de vingt ans de séjour à Berlin, ou Frédéric le Grand, sa famille, sa cour, son gouvernement, son académie, ses écoles et ses amis littérateurs et philosophes. *Paris, Buisson,* 1804; 5 vol. in-8, bas. 20 fr.

479. Töpffer. Nouveaux Voyages en Zigzag à la grande Chartreuse, autour du Mont-Blanc, dans les vallées d'Herenz, de Zermatt, au Grimsel, à Gênes et à la Corniche, par R. Töpffer, précédés d'une notice par Sainte-Beuve. Illustrés d'après les dessins originaux de Töpffer par MM. Calame, Karl Girardet, Français, d'Aubigny, de Bar, Gagnet, Forest. *Paris, Victor Lecou,* 1854 ; gr. in-8, demi-rel. chagr. vert, dos orné, plats toile, tr. dor. 45 fr.

Nombreuses vignettes dans le texte et 48 pl. tirées à part. Bel exemplaire de PREMIER TIRAGE.

480. Toulotte. La Cour et la ville, Paris et Coblentz, ou l'ancien régime et le nouveau, considérés sous l'influence des hommes illustres et des femmes célèbres depuis Charles IX, Henri IV et Louis XIV, jusqu'à Napoléon, Louis XVIII et Charles X. *Paris, A. Costes,* 1828 ; 2 vol. in-8, br. 12 fr.

481. Toussenel (A). Histoire de la féodalité financière. *Paris, de Gonet,* 1847 ; 2 vol. in-8, br. 7 fr.

482. Trenck (Frédéric, baron de). Examen politique et critique d'un ouvrage intitulé Histoire secrète de la Cour de Berlin, ou correspondance d'un voyageur français. *A Berlin, s. d. (1790) ;* in-8, front., br. 12 fr.

C'est de cet écrit dont parle Quérard (*Supercheries littéraires,* II, 1159) lorsqu'il dit que l'ouvrage de Mirabeau. Histoire secrète de la Cour de Berlin, fut grossièrement réfuté par le baron de Trenck. Rare.

483. Uzier (Antoine). Triomphe du Corbeau, contenant les propriétés, perfections, raretés et vertus souveraines avec les significations des mystères relevés de nostre foy et le triomphe du monarque lorrain. Faict par messire Antoine Uzier, curé à Enville au Parc commingeois. *Nancy, Jacob Garnich,* 1619 ; in-12, mar. vert, dos orné, dent. à froid, tr. dor. *(Rel. anc.).* 50 fr.

Petit volume très rare. Le titre porte au bas la signature d'Etienne Baluze.

484. Valade. Œuvres de Léon Valade. *Paris, Alphonse Lemerre,*

1887-1890 ; 2 vol. pet. in-12, portr., br.   20 fr.

Poésies. — Poésies posthumes.
L'un des 20 exemplaires tirés sur PA-
PIER DE CHINE.

485. **Vaudoncourt** (Général Guill. de). Histoire des Campagnes de 1814 et 1815 en France. *Paris, Avril de Gastel,* 1826 ; 5 vol. in-8, br.   25 fr.

Cartes des batailles de Brienne, de Wa-
terloo et de Ligny.

486. **Velly, Villaret** et **Garnier.** Histoire de France depuis l'établissement de la Monarchie. *Paris,* 1790-1799 ; 16 vol. — Histoire de France avant Clovis par M. Laureau. *Paris,* 1789 ; 1 vol. Ens. 17 vol. in-4, veau granit, dos orné, fil., tr. rouge (*Rel. anc.*).   40 fr.

Bel exemplaire du texte seul.

487. **Vendée** (Guerre de). Henri de la Rochejaquelin et la guerre de la Vendée, d'après des documents inédits. *Paris,* 1890 ; in-8, portr., br.   8 fr.

488. **Venise.** Il gran Teatro delle pia insigni Prospettive di Venezia. *S. l. n. d.* (*Venise, vers* 1860) ; gr. in-fol., veau marbr., dos orné (*Rel. anc.*).   200 fr.

Recueil de 68 belles planches gravées
sur cuivre par *Dommenico Louisa,* donnant les vues de tous les monuments de
Venise au XVII⁰ siècle.
Bel exemplaire.

489. **Verne** (Jules). Cinq semaines eu ballon. *Paris, Hetzel, s. d. ;* gr. in-8, br.   4 fr.
Illustrations de *Riou* et *Montaut.*

490. **Verne** (Jules). Hector Servadou. Voyages et aventures à travers le monde solaire. *Paris, Hetzel, s. d. ;* gr. in-8, fig., demi-rel. chagr. brun. plats toile, tr. dor.   4 fr. 50

491. **Vernet** (Joseph) et **Hue.** Les Ports de France peints par Joseph Vernet et Hue, conservateur au Luxembourg ; dont les tableaux enrichissent la galerie du Sénat. Accompagnés de notes historiques et statistiques sur chacune des villes où ils se trouvent situés. *Paris,* 1812 ; in-4, br.   40 fr.

Portraits de J. Vernet et de Hue et 24
belles planches gravées en taille-douce.
Les notices ont été rédigées par Aug.
Marie Miger.

492. **Vernon Gallery** (the) of British Art. Edited by S. C. Hall. *London, G. Virtue,* 1850-1854 ; 4 vol. in-4, demi-rel. dos et coins de mar. rouge, plats toile, tr. dor. (*Rel. angl.*).   150 fr.

152 planches gravées sur acier, reproduisant les tableaux de cette célèbre collection.
Bel exemplaire.

493. **Vie** privée du maréchal de Richelieu, contenant ses amours et intrigues et tout ce qui a rapport aux divers rôles qu'a joués cet homme célèbre pendant plus de 80 ans. *Paris, Buisson,* 1792 ; 3 vol. in-12, cart.   15 fr.

Ces mémoires ont été rédigés par
Faur, ancien secrétaire du duc de Fronsac.

494. **Villamont.** Les Voyages du seigneur de Villamont, divisés en trois livres. Seconde édition. *Paris, Claude de Monstr'œil,* 1596 ; pet. in-8, vélin.   10 fr.

Le premier livre contient la description
des villes et forteresses d'Italie ; le deuxième, la Sclavonie, la Grèce, la Turquie,
Candie, Chypre, Jérusalem, etc. ; le troisième, la Syrie, Damas, la Phénicie, le
Caire, les pyramides d'Egypte, etc.
Rare volume, provenant du couvent des
Bernardins de Paris. Signature sur le
titre.

495. **Villette.** Histoire de l'image miraculeuse de Notre-Dame de Liesse. *Laon, Jean Calvet,* 1769 ; in-8, vélin.   15 fr.

Figures de *Stella,* gravées par *Thomas-
sin.*

496. **Villon.** Œuvres de François Villon, avec les remarques de diverses personnes. *La Haie, Adrien Moetjens,* 1742 ; in-12, veau fauve, dos orné, tr. rouge (*Rel. anc.*). 10 fr.

Bel exemplaire d'une bonne édition.

497. **Viollet-le-Duc.** Histoire d'une maison. *Paris, Hetzel, s. d. ;* in-8, fig., br.   5 fr.

498. **Virgile.** Œuvres, traduites en françois, le texte vis-à-vis la traduction avec des remarques par M. l'abbé Desfontaines. Nouvelle édition. *Paris, impr. de P. Plassan,* 1796 ; 4 vol. in-4, cart., *non rognés.*   275 fr.

Exemplaire en GRAND PAPIER VÉLIN
avec la suite des figures de *Moreau* et de
Zocchi AVANT LA LETTRE.

Achat de Bibliothèques

499. **Voguë** (Vicomte E.-M. de). Le Roman russe. *Paris, Plon, Nourrit*, 1886 ; in-8, br. 4 fr.

500. **Voltaire**. La Henriade, poëme. *Paris, Janet*, 1817 ; pet. in-12, mar. rouge, dos orné, dent. dor. et à froid, tr. dor. 10 fr.

Portrait et 3 figures de *Desenne*, AVANT LA LETTRE. PAPIER VÉLIN.

501. **Voyage** (Nouveau) pittoresque de la France, orné de 360 gravures exécutées sur les dessins faits d'après nature, et représentant des vues des principales villes de France, ports de mer, monumens anciens et modernes, sites remarquables, etc. *Paris, Ostervald l'aîné*, 1817 ; 3 vol. gr. in-8, demi-rel. mar. violet, dos orné avec comp. à froid, *non rognés* (*Dècle*). 75 fr.

On y remarque entre autres des vues de monuments et d'aspects de Paris et ses barrières que l'on nerencontre pas ailleurs. Très bel exemplaire dans une reliure contemporaine de la publication.

502. **Watelet**. Dictionnaire des Arts de peinture, sculpture et gravure par M. Watelet et M. Levesque. *Paris, Prault*, 1792 ; 5 vol. in-8, veau marbr., dos orné (*Rel. anc.*). 25 fr.

503. **Watelet**. Recueil de quelques ouvrages de M. Watelet. *Paris, Prault*, 1784 ; in-8, bas. 5 fr.

Ce volume renferme : Silvie, Zénéide, les Statuaires d'Athènes, les Veuves, Milon, Deucalion et Pyrra, Delie, et Phaon.

504. **Weigel** (Christophe). Le Monde dans une noix, c'est-à-dire un abrégé de l'Histoire universelle chronologique des événements les plus remarquables du monde, très plaisemment représentez par tables et par figures en taille-douce, trad. de l'allemand par Mathias Cramer. *S. l. n. d.* (1722) ; in-4, veau fauve, dos orné, fil., tr. dor. (*Thompson*). 100 fr.

Très nombreuses et curieuses figures de *Ch. Weigel*, représentant des scènes historiques. Exemplaire VAN DER HELLE.

505. **Wlson de la Colombière**. Les Portraits des hommes illustres françois qui sont peints dans la galerie du palais cardinal de Riche-lieu, avec leurs principales actions, armes, devises et éloges latins ; desseignez et gravez par les sieurs Heince et Bignon. *Paris, H. Sara*, 1650 ; in-fol., basane. 75 fr.

Frontispice et 26 portraits gravés sur cuivre, encadrés chacun d'une bordure composée d'emblèmes et de scènes rappelant les principaux faits de la vie des personnages représentés. Bel exemplaire.

506. **Wlson de la Colombière**. Le Vray Theatre d'honneur et de chevalerie, ou le miroir héroïque de la noblesse, contenant les combats ou les jeux sacrez des grecs et des romains, les triomphes, les tournois, les joustes, les pas, les emprises ou entreprises, les armes, les combats à la barrière, les carrosels, les courses de bagues et de la quintaine, etc. *Paris, Aug. Courbé*, 1648 ; 2 vol. in-fol., veau, dos orné, fil. (*Rel. anc.*) 100 fr.

Figures de *Chauveau* et autres, gravées sur cuivre. Celle de la page 361 du tome 1ᵉʳ représente le curieux carrousel donné sur la Place Royale les 5, 6 et 7 avril 1612.

507. **Wyzewa** (T. de). Les Chefs-d'œuvre de l'art au XIXᵉ siècle. La Peinture étrangère au XIXᵉ siècle. *Paris, libr. illustrée, s. d.* ; in-4, cart. toile, fers spéciaux, tête dor., éb. 18 fr.

Belles planches à l'eau-forte et en taille-douce tirées sur Chine appliqué. Vignettes dans le texte.

508. **Xenophon**. ŒUVRES COMPLÈTES, traduites en françois et accompagnées du texte grec, de la version latine et de notes critiques par J.-B. Gail. *Paris, impr. de la République, an V* (1797) ; 11 tomes en 7 vol. gr. in-4, portr. et fig., cartes, mar. rouge, fil., tr. dor. (*Lefebvre*). 500 fr.

Bel exemplaire, un des rares tirés sur GRAND PAPIER VÉLIN, avec la suite des figures de *Le Barbier*, AVANT LA LETTRE et EAUX-FORTES PURES.

509. **Zacharie**. Les Quatres parties du Jour, poëme traduit de l'allemand, de M. Zacharie (par Müller). *Paris, Musier*, 1769 ; in-8, fig., veau fauve. 50 fr.

Frontispice, 4 figures et 4 vignettes en-tête, par *Eisen*, gravés par *Baquoy*.

Le Propriétaire-Gérant : TH. BELIN.

Châteaudun. — Imp. de la Société Typographique (*Téléphone*).

LIBRAIRIE THÉOPHILE BELIN, 29, QUAI VOLTAIRE, A PARIS

EN SOUSCRIPTION

POUR PARAITRE EN AVRIL 1899 ET EN AVRIL 1900

LES AMOURS
DE PSYCHÉ
ET DE CUPIDON

SUIVIES D'ADONIS, POËME

PAR

JEAN DE LA FONTAINE

NOUVELLE ÉDITION ORNÉE DE 26 FIGURES DE BOREL
GRAVÉES EN COULEURS PAR VIGNA-VIGNERON

PRÉFACE DE JULES CLARETIE
De l'Académie française.

Deux volumes grand in-8 jésus imprimés sur papier vélin.
Tirage unique à 250 exemplaires numérotés à la presse.

PLANCHES EFFACÉES APRÈS LE TIRAGE

SIX CENTS FRANCS

Tous les exemplaires auront une double suite de figures, eau-forte pure et les planches imprimées en couleurs.

C'est aux amateurs de beaux livres d'art que s'adresse cette publication ; elle sera la reproduction fidèle en couleurs de 26 aquarelles aussi remarquables par la grâce que par la fraîcheur et la délicatesse du coloris. Ces charmantes compositions de Borel, l'un des maîtres les plus exquis de la fin du XVIIIe siècle, furent exécutées pour le célèbre bibliophile Morel de Vindé ; elles étaient destinées à illustrer une édition des AMOURS DE PSYCHÉ, que seule la Révolution empêcha de paraître. Cette œuvre interrompue, nous la reprenons aujourd'hui avec le concours des graveurs VIGNA-VIGNERON.

L'impression du texte sera confiée à MM. CHAMEROT et RENOUARD et le tirage des estampes à M. GÉNY-GROS.

Les deux tiers de l'édition étant retenus par les souscripteurs de notre publication précédente

PARIS DANSANT,

nous prions Messieurs les amateurs de nous donner leur confiance en souscrivant sans retard.

Le paiement de l'ouvrage se fera en deux fois à l'apparition de chacun des volumes.